Happiness is a Choice

喜悅，是一種選擇

陽光催眠師Sunny的靜心時間

蔡文瑜（Sunny Tsai）───著

推薦序・
獨立而孤獨的催眠師

We are proud of Sunny Tsai's participation internationally in the development of our profession (Consulting Hypnotists), as a separate and distinct profession.

Sunny Tsai has been active in the United States, Canada and China as a teacher and advocate of the many benefits that are brought to the public world-wide by members of the National Guild of Hypnotists.

We have enjoyed the many times Sunny has been a speaker and teacher at our International Conferences, and foresee even greater success for her as an author.

Dr. Dwight F. Damon, President
Donald J. Mottin, Vice President
National Guild of Hypnotists, Inc.

我們以Sunny Tsai（蔡文瑜）在國際上參與我們這個職業發展（催眠諮商師）的工作而感到自豪，這是一個獨立而且孤獨的職業。

作為一名專職NGH催眠訓練師和倡導者，Sunny一直活躍在美國、加拿大和亞洲地區，這為NGH美國國家催眠師公會在世界範圍帶來諸多的益處。

Sunny多次在我們的國際會議上擔任演講者和老師，可以預見她作為作者將會在未來取得更大的成功。（作者中譯）

推薦序・
傳遞愛的態度，
用生命影響生命

「妳還記得吧？高一的時候，我們一群同學認養家扶中心兩個孩子。每個月沒收齊、缺的錢，我就自己墊，這件事學校是知道的。然而，高中畢業典禮，我還清楚記得在彰化縣政府禮堂，我被安排坐在最後一排，看著獲得德、智、體、群獎的同學一一上台，我的心情複雜，因為沒有一個獎是鼓勵我的。……高、初中六年在精誠中學之於我，是人生黑暗期，……」2015年與闊別三十二年的文瑜重逢，她悠悠的述說著，但說話當下的文瑜卻與這段記憶有很大的反差。是的，我可以很清楚的感覺到，文瑜不一樣了，一時之間很難將高初中時那個俐落、不太容易親近的女孩，跟眼前這位溫暖、貼近你心情的女子聯想在一起，我相信文瑜一定經歷了生命的大改變。後來她分享了她接觸、學習催眠諮商的歷程，原來奧妙在其中。

2015年10月26日台北律師公會邀請文瑜演講「司法催眠與創傷症候群的諮商」，在演講中，文瑜說明在加拿大、美國如何透過催眠來協助偵辦案件，催眠不是用於被告，而是用於幫助證人找回存在潛意識裡的記憶影像，而對於創傷症候群的被害人，催眠則幫助他們重建和修復。

印象很深刻的是，文瑜一再提到作為一個催眠諮商師應有如何的倫理規範，處處可見她對於專業的謹慎與認真。那場演講，最令我感動的是，文瑜是以正直和愛心在從事她的專業。

對於催眠，我是門外漢，但將近二十年，我與先生一起帶領婚姻成長小組，修習諮商心理課程，經驗也深深瞭解潛意識裡所存在的，對一個人的影響遠遠大於意識的部分。正如文瑜在自序裡所說的：「催眠是一種意識的轉變狀態，催眠師利用催眠這個技巧，幫助被催眠者那個喋喋不休的、固執的、充滿批判、主觀的、對錯分明的意識心暫時安靜下來，進而能夠進入那個比較有智慧的潛意識、也就是答案的所在地去做精神分析的一種過程。」、「催眠師不是魔術師，我無法把一個人的人生由黑的立刻變成白的。把腫瘤變不見、變小是一個奇蹟，我不知道奇蹟如何複製。然而，即便會發生，也是因為被催眠者在催眠狀態下他自己理解了、放下了、改變自己了。催眠只是一個加速器，加速事件的改變，催眠師其實只是一個能量引導者，透過催眠幫助被催眠者進入潛意識那個神性所在，找到問題的根源，重新去理解事件的來龍去脈、或者從一個新的、更高的角度來審視困擾自己很久的事件，進而瞭解自己的信念是從何被建立起來的」。

透過對潛意識的瞭解，人可以有新的眼光看待自己，看待自己與別人的關係，也可以有新的選擇，走出不一樣的人生。

基督徒的我，無法接受前世今生的概念，正如文瑜說的，這是一個信者恆信、不信者恆不信的議題。但我欣賞文瑜在幫助每一位個案時，是以能量在交流的，這是一種把受助者看成弟兄姊妹在傳遞愛的態度，

這樣的態度，讓催眠不只是一種技術，而是生命影響生命。謝謝文瑜的努力，將她的見證整理分享給我們！

施淑貞
永信法律事務所主持律師
環境法律人協會理事
台灣高等法院調解委員
台北市政府醫療調處委員

推薦序·
勇敢面對自己、
接受自己、愛自己

　　二十年的約定……

　　這是一段很深的情誼，文瑜和我有多重身分的關係，她除了是鄰居也是我的學姊，我們是同一所小學和中學畢業。因為她一直都是學校的風雲人物，除了成績名列茅外，舉凡合唱團或是體育都是當中的佼佼者，就是我心目中的才女，至今我還記得她也是國小的國歌指揮。

　　最令我感謝的就是，她在我國中期間經常邀請我去她家讀書，從國中到高中六年間不斷的鼓勵我讀書，甚至在我不被老師看好的情況下，她都從台北回來陪我考大學。至今我還保留大學期間她寫給我的信，她讓一個青少年的我對上大學有無限的期望、渴望和衝動。

　　我們這份感情持續到因為她結婚而需依親到加拿大，我們彼此約定無論如何每年一定都要見面，二十多年來即便來去匆匆我們都做到了。

　　這二十多年來文瑜的變化很大，從美國修完碩士回台教書、到加拿大當家庭主婦，最後成為執業的專職催眠師，她真的是在走賽斯所謂的「神奇之道」，實在令人非常佩服。

　　這些年來我負責協助安排她在亞洲的催眠演講、上課和個案的事

宜，她幫助了許多人在他們不理解的、不清楚，甚至是無解的人生課題中尋找出答案，這個過程讓我對於人生有非常不一樣的體驗和看法。借助催眠進入潛意識，我也看到很多很多人的改變，這些人開始接受也願意勇敢面對自己的問題，我自己其實也是受益者，我終於理解我在面對人生挑戰的時候要如何改變思維、認識了當下是威力之點的重要，我也變得更接受和愛現在的自己了。

所以，我們都不斷地希望她可以把過去十幾年來的經驗整理出書，不但可以幫助更多的人，也期望透過書中所提的案例，可以影響更多的人，讓更多人能走在人生的道路上。

在進入不惑之年後，她幫助我認識到人生路途不管是完美或者是殘缺不全，都能像是遠方藍藍寂靜的天空，如如不動，接受每一個安排，也讓每一個挑戰促使自己的靈魂更有智慧。在文瑜靜心打坐的帶領下，往往那個混雜的思緒也能夠像一朵一朵的白雲飄過，內我能夠如如不動。現在她是我的導師，帶領我走入身心靈的世界。

李佳曄

英閣音躍研創股份有限公司總經理

推薦序 ·
開出自己的生命之花

　　常常看朋友FB動態的我，那天看到文瑜許願有哪位中文達人可以在短短的三天內幫她校稿十七萬字？台灣和加拿大雖然距離遙遠，還好有網路，傳播無國界，我就出聲了。但因為時間緊迫加上自己的工作，我只能幫忙前半部。文瑜說有貴人相助，其實她不知道，她才是我的貴人。

　　八年前我剛剛接觸到身心靈這一塊版圖，歐林、賽斯、海寧格、急於尋找答案的我，急著找到一塊浮木，而文瑜就是在我初期踏上這條道路時的一位前輩。當年她回台灣時，我們還在台中市邊走邊聊了一陣子，那是個下雨撐傘的下午。

　　每每在FB看著她的動態，我就知道她一直走在她所選擇的人生道路上，親力實踐人生得喜樂的方式，展示給我們這些網友看，告訴我們說這裡可以找到答案。好奇又愛探究事因摩羯座的我，又怎麼會不在第一時間就舉手說選我，我來幫妳校稿，來當第一時間的讀者——進入催眠師的世界。

　　與其說我在三天時間的壓力下，努力校稿；不如說，這三天被吸進特殊的靈性世界，感受強烈。之後又在文瑜的邀請下，談談我對這本書

的看法。本書除了論述有理、脈絡清晰，作者有豐富而專業的催眠知識外，還有三大特色：

一、跟著走，像在上工作坊

本書架構清楚，論述各章重點之後，就用個案說明，然後接靜心時間，彷彿跟著文瑜帶領之下，上了一堂又一堂的工作坊。每一堂課各有重點，個案說明細膩清楚，最後來個靜心時間，內容銜接搭配得剛剛好。

二、運用彈性

但最吸引我的，不是文瑜的催眠技巧，而是她娓娓說明，不同情況下，她使用不同的催眠指示所考量的原因，打破我以為催眠就是制式指令的成見。這種彈性若非純熟，很難運用自如，而文瑜願意說得這麼細緻，讀者就可以收到她的心意，陪伴讀者進入她的催眠世界。

三、中立而有溫度

之前我和一般人一樣，有個錯誤的認知，期待一次催眠之後，就可以海闊天空直達幸福的雲梯；文瑜在書中不只一次告訴讀者，催眠是讓我們看到解決問題的曙光，但要人生往前走，還是要靠自己努力。她自己就很用心地繪畫、閱讀、運動、靜心，讓自己保持在中立而溫暖的能量狀態，才能為個案服務。如果說文瑜都要這麼努力，那麼我們憑什麼覺得只要用想像就可以達陣到那片樂土。

最後要跟大家分享，我感受最強的一句是：「現在，我們請你那個

更有智慧的部分出來幫助你好嗎？請那個神性的自己想出三個正面方式
來回應你目前的壓力和挑戰，好嗎？」當然前面還有很多的引導，讓個
案不再困在問題裡，讓自己的潛意識給出答案。催眠師就是協助我們與
潛意識對話的引路人，而不是自以為神的控制者。就像書中談到的：

> *法師說：「如果，在你的種子識（佛教說的阿賴耶識）裡頭有你*
> *需要的這顆種子，又剛剛好你遇見了陽光蔡（他這麼稱呼我）給*
> *你陽光和雨，那麼，這一顆種子就可能有機會能發芽長成一棵*
> *樹，假以時日就會開花。但是，如果你的種子識裡頭並沒有這顆*
> *種子的話，陽光蔡怎麼也不能幫你長出一棵樹來的啊！」*

　　多麼希望我們都選擇好種子，有一片沃土、陽光、水，開出自己的
花，結成自己想要果，好好做一棵生命樹，然後跟大家蔚樹成林。

駱育萱

南台科技大學通識教育中心副教授

教育部「閱讀・生命・書寫計畫」、

「說理達情分組報告多元敘事力養成計畫」主持人

特別推薦短語

　　文瑜（Sunny）的信念是起動我監製第一部電影的那把致勝鑰匙，所以透過這本書將會帶給讀者們滿滿的能量，與啟動下一階段的勇氣旅程！

林文義
電影《親愛的卵男日記》監製

自序 ·
我是心靈追蹤師

> 每個靈魂都在尋求其生命的價值實現，這意味著他們選擇讓自己
> 處在能使他們的能力發展之處。
>
> ——賽斯書

你如果問我：我為何要寫這本書？

你可以是無神論者，或者是科學至上的崇拜者，但是，你無法否認催眠的存在。

催眠是一種現象。

我無法拿出具象的實體來證實一個現象，然而，我可以重複過程而得到一樣的甚至是連續的答案。

我喜歡我的啟蒙老師陳勝英醫生對催眠下的定義，他說，催眠是一種意識的轉變狀態，催眠師利用催眠這個技巧，幫助被催眠者那個喋喋不休的、固執的、充滿批判的、主觀的、對錯分明的意識心[1] 暫時安靜

---

[1] 佛洛依德提出「冰山理論」將人的心智組織與心理結構的分為三個部分：意識、前意識和潛意識。

「意識」只是冰山突出水面的那一角，包含個體在當下隨時均可知覺到的現象，

下來，進而能夠進入那個比較有智慧的潛意識、也就是答案的所在地去做精神分析的一種過程。

　　陳勝英醫生[2] 在他的著作《生命不死》裡頭曾提出他利用前世催眠協助個案的生命改變，包括：戰勝恐懼（此生），心理症的治療（例如建立自信心，強迫症，行為改變等），生理疾病的治療，包括氣喘，頭痛和過敏，也能增進生命的進化。

　　我現在追隨的、也是專門從事前世今生回溯催眠研究的老師布萊恩・魏斯醫生（BRIAN L. WEISS，M.D.）[3]，是一位研究精神藥物備

以及可察覺的意念和動機，是一套合乎邏輯的、理性的思考。佔個體心理層面為最小，且不斷改變。例如在路上過馬路看見紅燈就停下來，或者剛剛開始學騎腳踏車或開車，因為你要練習手、眼身體協調各種動作才能操控一輛車，所以這時候是利用意識的分析與邏輯思考在進行的。一旦熟練一種技巧之後，就自動把它送到潛意識層面。

　　「前意識」是無法時時察覺，但只要稍加注意，藉由「專心專注」的聯想的方式加以回憶，就可將它帶入意識中，變成可知覺的意識現象。這部分是儲存記憶和知識的層面。

　　「潛意識」是相對於意識而言佔個人絕大部分的心智，也就是冰山下那一大塊冰，個體有百分之八十五以上的行為完全受控於這個部分。例如你的坐姿、喜好、或者很熟練開車以後你就可以一邊開著車一邊跟人講話，但是你看見前方有緊急狀況，身體就自動踩剎車，這就是潛意識控制的。個體從在母胎裡開始所經歷的各種情感、經驗都被藏在這裡。以至於很多時候我們一直希望改變自我的一些行為卻是很困難改變，為什麼？因為控制台是在潛意識層面。但是，你可以經由自動書寫、不小心講出來、夢、繪畫或催眠回憶起事件發生的根源在那裡。

　　相信靈魂有轉世之說的人甚至提出潛意識裡面其實儲存有個體累世累生所有經歷過的訊息，這些信念不斷地也在影像我們每天的行為、思考、判斷等。

[2]　陳勝英醫生（1942年～2008年），台灣南投縣竹山鎮人，是醫學博士暨美國精神科醫師，《跨越前世今生》、《生命不死》、《與靈對話：前世今生、夢境與潛意識的奧祕》的作者。
[3]　美國耶魯大學醫學博士，曾任耶魯大學精神科主治醫師、邁阿密大學精神藥物研究部

受尊敬的科學家，也是近代第一位冒險帶領人們在主流的科學領域中探討備受爭議生死輪迴的主題。他所著作的其他關於前世催眠的著作裡，也證實催眠治療是如何協助很多人改變他們的人生。

　　身為一名催眠諮商師，重要的在於這個過程最後產生的結果是否對被催眠者有幫助？在心理上或生理上是否能幫助他們重新回到健康？他們的人生能不能因此變得更加圓滿、更加喜悅？我的責任是將我所觀察到的現象和整個過程，如實地、中立地記錄下來，希冀將來的科學家也能有機會從科學的角度來解開催眠的神祕面紗。

　　我來自於一個「子不語怪力亂神」的家庭，我生在七〇年代的台灣、從小我沒喝過符水、生病的時候找的是西醫。然而我的生命軌跡是在我三十歲後幾個大挑戰出現後開始改變的。其中一個是每次發作時一定讓我坐在廁所裡頭狂吐三個小時嚴重的偏頭痛，以及從大學時期開始困擾我的過敏，後來到美國威斯康辛大學讀研究所的時候，演變成嚴重花粉熱幾乎讓我感覺生活十分難受，我此生另一個大挑戰就是我婚後的婆媳問題一直困擾著我，這期間有兩度我幾乎想要放棄。

　　在西醫眾多的藥物和治療都無法幫助我之後，一次偶然的機會我接觸到陳勝英醫生的書，我先讀了三本他的著作，在死馬當活馬醫的心情下先打電話跟陳醫生聯絡，然後直接飛回去台灣接受他的催眠。

　　猶記得那天需要把兩個幼子放在娘家請父母親代為照顧，只信任西醫並且有極豐富醫學知識的父親還問我：「你要給哪家醫院看？哪一科

主任、西奈山醫學中心精神科主任，著有《生命輪迴》、《返璞歸真》等書。

啊？」

　　我隨便騙他我是去找朋友介紹的台北一位腦神經科醫生，連名字我都不肯透露。就這樣搭火車北上找陳醫生。

　　在連續三天每次三個小時的催眠裡，我搜集了很多訊息也解開很多不解的事件。

　　記得最後一次催眠我看到自己六十二歲的某一個可能的未來，我坐在一間小診室，身邊一位孩子，我正在為這小孩做一種療癒。（當時很多的不明白的未來事件，其實後來都在我的催眠診室一一發生了，這令我十分震驚。）

　　記得催眠後陳勝英醫生對著我很慎重地說：「Sunny，你回去加拿大一定要去拿一個催眠師執照，你應該往這條路走的。」

　　記得當時我是以一個好奇心，加上我母親到加拿大小住幫我照顧三個幼子，她鼓勵我去學習和研究也開始接受催眠師訓練。

　　接下來陳醫生變成我的啟蒙老師，他給了我很多啟發和引導，在我學習催眠的時候我從來都沒想到自己將來會成為一個專職的催眠師，拿到執照之後，我就在家裡為一些認識的朋友義務催眠，直到我變得健康，以前的大小疾病都不再困擾我，我也幾乎不再吃任何西藥或營養品，整個人變得開心了。之後，我很幸運能加入我的家庭醫生的中心診所，一直全職執業至今。

　　能讓我這個十分固執的頭腦大轉彎的契機，原來就是我在接受催眠暗示後，我從此就不曾因為偏頭痛而吐了，花粉熱也在幾年後幾乎痊癒，我變了之後當然我的婆媳問題也就改善。需要改變的原來就是自

己，其他的生命事件其實都是來幫助我成長和體驗的，經由每一個挑戰，我變得更懂得為何來這一世？選擇每一個人生課題的目的是什麼？我為何要遇見這些人？為何要選擇這樣的父母和另一半？我此生要學習的是什麼？為什麼前世的記憶會這麼極端地影響我這一世？透過一再地、累世的重複的練習，我可以如何面對生命每一個挑戰，進而改變靈魂的軌道也進化靈魂。這都是我在被催眠之後才開始理解的。

從事催眠諮商十年後，我開始著手寫這一系列的書，有兩個重要的目的。

一、幫助我的學生除了透過上課中我所提出的那些個案之外，有機會更詳細地知道更多完整的諮商過程；以及我的想法和諮商過程對於我自己的影響。因為，療癒是發生在催眠者和被催眠者雙方面，而非只是單方面的能量改變而已。

二、希望透過呈現這些個案，澄清一般人對於催眠的誤解。因為就我的經驗，大部分的人尤其是亞洲人，都是在遇見生命的大挑戰後，開始是看西醫、然後中醫、另類療法、算命或者找靈媒，最後才來找催眠師姑且試之。很多人來找我，都是聽說我曾有一名個案，他的三公分肝腫瘤在催眠後消失了；還有一位女士原來有七公分的乳癌，經過催眠兩星期後開刀時卻變成剩下三公分而已。有的人生命被轉化了，變得開心而健康。所以他們來找我都以為催眠能夠把一個人的生命由黑的立刻變成白的。所以，有的人第一次打電話來詢問的時候就很乾脆地問：「你的催眠是不是保證一定會成功？」我的答案一律是：

「不。」

一個人經由催眠後如果又回到他原來的生活模式：忙碌、抽煙、大吃大喝、不運動、不出去跟朋友交際、不跟配偶溝通、不正常作息和吃飯。這個人原來就是從這樣的生活模式，才導致他今天需要面對這種健康或者婚姻關係的挑戰；而今，催眠之後又重新回到原來的模式，那麼他的生命怎麼會改變？

前面提及那位個乳癌的案——薇薇本來有七公分的乳癌，經過催眠兩星期後進入開刀房時卻看見腫瘤只剩下三公分，所以負責開刀的醫生臨時趕快打電話給主治醫生，詢問到底哪裡發生錯誤？不是說好要割除的腫瘤應該有七公分嗎？手術後我以為她的人生應該有重大的改變。薇薇後來變成我的好朋友，我們在一起學習賽斯書，一起分享很多快樂和不很快樂的時光，但是，才短短五年她又被偵測出肺部腫瘤。

在那次催眠的時候她進入了一個可能的未來。

我問：「你在裡面還是外面？」

她：「我在醫院。」

我：「為什麼在醫院？」

她：「癌症再度復發。」

我：「你不是去做了手術和治療嗎？」

她：「如果我從現在開始沒有改變的話。我想這是我這一世的最後一天。」

我：「有誰在你身邊嗎？」

她說有，孩子和先生都在。

這是我記得的部分。

後來在一個五月天的早晨,她從台灣打電話到加拿大給我,告訴我她剛剛做了一個清明夢[4]。她夢見自己穿著一襲未婚時上班穿的套裝,站在老家門口,卻發現自己進不去屋子裡。我倒吸一口氣跟她說:「我正忙著準備孩子上學,等一會兒我給你打電話好嗎?」掛上電話我頓時呆住了,全身彷彿被死神籠罩住一般,我就站在廚房的水槽前開始放聲大哭:「我的朋友快死了!」我的孩子前來將我緊緊抱住。在她往生前一個月,我利用孩子們暑假回去台灣,下飛機的第二天立刻到林口長庚醫院探望她。那天,我陪薇薇去做腦部斷層掃描,因為不僅她的肺部有腫瘤,現在她的右腦又發現一個。在我去醫院前,她事先要家裡的傭人特地搭車去台北為我買了一盒有名的佳德鳳梨酥,對我而言這是一個驚喜也很不忍。我們還一起拍照,她借用我的口紅,她說口紅很漂亮,她把口紅的號碼記下來也想自己買一條。我還陪她去樓下餐廳吃飯,我們各都吃了兩個我最喜歡的筍包。她的印尼傭人偷偷告訴我:「我家小姐好久沒一口氣吃這麼多東西啦,看來她今天很開心呢!」這一天薇薇還是一直在抱怨她的老公和孩子。原來她的問題一直都沒變。有一些認識她的朋友也說了,她其實一直都沒改變啊!

為什麼我要鉅細靡遺地寫出來這個故事?

---

[4] 清明夢(lucid dream),是在意識清醒的時候所作的夢,又稱清醒夢。清明夢跟白日夢並不相同,清明夢是做夢者於睡眠狀態中保持意識清醒;白日夢則是做夢者於清醒狀態中進行冥想或幻想,而不進入睡眠狀態中。清明夢大部分發生於早晨醒來之前,根據賽斯的理論,它也是最重要的夢,能夠帶給個人很多解決問題的靈感。

因為我一直在思索這件事，它到底要告訴我什麼？我需要從中學習什麼？

　　那是永遠的提醒：「催眠師不是魔術師，我無法把一個人的人生由黑的立刻變成白的。把腫瘤變不見、變小是一個奇蹟，我不知道奇蹟如何複製。然而，即便會發生，也是因為被催眠者在催眠狀態下他自己理解了、放下了、改變自己了。催眠只是一個加速器，加速事件的改變，催眠師其實只是一個能量引導者，透過催眠幫助被催眠者進入潛意識那個神性所在，找到問題的根源，重新去理解事件的來龍去脈、或者從一個新的、更高的角度來審視困擾自己很久的事件。進而瞭解自己的信念是從何被建立起來的，自己的信念是如何地建構了物質實相，所以將來有機會改變或者真的全然放下應該放下的。這些答案也許早已不存在那個意識心的大腦裡，應該到潛意識去尋找，而催眠只是其中一個辦法而已。」

　　催眠裡面最重要的有兩個部分：

　　第一是催眠深度。什麼樣的訊息能夠從潛意識被汲取出來？什麼樣的暗示語能進入被催眠者的潛意識，都是取決於催眠的不同深度。催眠深度的達成靠的是催眠術，也是催眠師的功力。

　　第二是暗示語的設計以及介入的點。所謂見縫插針，在不同催眠深度、不同時間能夠把一個設計好的、適合被催眠者、也不跟他的信念衝突的暗示語在適當時候植入他的潛意識，這是催眠師要不斷練習的。

　　所謂的暗示是每分鐘、每秒鐘、每一天你跟自己的對話，你對於外界的接受或者拒絕都是取決於你相信什麼或不相信什麼，這就是自我催

眠。例如，你一定常常聽到人家說：「唉啊，進入中年就會有更年期的問題啊！骨質疏鬆啊！」這是真理還是一個信念呢？

並非每個中年婦女都會經歷更年期的生理不適，所以，這是信念而非真理。

還有一種暗示是外界給你的，你的經驗、學習到的、權威人士說的、父母小時候教導你的、旁邊的人給你的都是。

賽斯書提到，一個暗示語是否能為你所接受，端視其是否能吻合兩個條件：

1. 這個暗示與你心中對實相的本質所保持的一般性看法是否有衝突。
2. 這個暗示與你對你這個人所保持的特別想法是否契合。

例如，如果你相信你每次站在風口你就真的會傷風的話，你就是在用自然的催眠。自然的催眠和有意識的信念給了無意識適當的指示，之後它們很負責地影響身體，它以跟這些信念和諧的方式來反應。

你的信念就像催眠性的焦點，經由沉緬其中的內在「自語」而經常加強它們。這種內在的「自語」就像一個催眠師的不斷重複的暗示，你是你自己的催眠師。

催眠只是透過催眠師在一個人身體放鬆、精神高度集中的時候，排除舊的、不再適用的、沒有助益的信念；在適當的時機，將催眠者希望改變的行為的一組暗示語植入其潛意識，因而加速被催眠者的改變。

十年前我剛出道成為催眠諮商師的時候，我的一位心靈導師很不同意，他總說：「你玩夠了沒？玩夠了就回來。」其實他的意思是：「你好不容易打坐並修行了二十多年，現在要白白把自己的精力浪費掉嗎？世界上需要解決的問題那麼多，你是幫助不完的。」他更擔心我傷了自己。

然而，這些年來導師們總是陪著我，以他們的知識和經驗，為我解答諸多疑慮和奇特的現象。這樣持續到第三年，我的老師才說：「我終於放心你了，去吧！我知道這是你此生的使命。我是攔不住你的，而你的這份工作也不是我們可以做到的。」我就像老師們說的，我剛開始的時候雖然看似是在幫助我的個案，其實同時也是在療癒我自己。

有天清晨醒來看見一則留言，這位朋友說：「你在臉書上說：『把自己過得很好，就是給這個世界最好的禮物。』那麼，神造我，祂既然愛我，為何要讓我不斷的受苦？」

我回以好長的一段文字：

賽斯教我這麼找答案，不斷地問你自己：你從這個事件學習到什麼？在你面對這個挑戰的時候，你選擇用什麼態度來面對？解脫不是人生從此沒有挑戰，解脫是你在面對挑戰的時候選擇用什麼態度來面對。

你改變自己？尋求幫助？放棄？回來愛自己？拒絕一直做受害者？學習如何經營一段關係？放手？回來看那個需要被愛的自己在哪裡？是小時候的印記？父母的關係給你的信念？還是你自

己一直不願意為自己負責？

「痛苦至於成長是不必要的，除非它讓你學習到解決痛苦的方法。」

「你的信念創造你的實相」，你應該回來看的是你的信念是什麼？如何架構出來的？你要不要選擇改變它，所以才能改變你的外在挑戰？佛說：「一切皆為虛幻。」外面是你內在的一面鏡子，外在有什麼，你的內在就有一個對應的信念發動它。

這就是為何我在工作之餘願意花十多年的時間一再地為許多人帶領幾個賽斯讀書會。我花了二十七年打坐、學習靜心、我愛自己把自己變成喜悅的、樂觀的、健康的自己。所以，我現在回來要感謝這一路曾經支持我、鼓勵我、愛我和為我帶來挑戰的每一個人。是他們讓我有機會選擇變成現在的我。愛和受苦都是自己的定義，至於神，它沒有分別。是我們自己選擇要把它定義為苦或者幸福。我們也可以將它們當做是一種可以幸福的、把自己變得更好的機會。所以要謝天。

你為了自己的生命，做了些什麼？

我記得剛入行的前幾年，我催眠一位二十出頭的年輕個案，他因為工作壓力造成精神不穩定，我在催眠他的時候輕輕把他的手握著，彷彿就像到了未來牽著我自己的孩子的手一般，因為我的孩子那時候都還很小，我心裡頓時很感動，我心想：「他的父母在他像我孩子一樣年紀的時候，一定無法想像到孩子將來竟然會面臨這樣的挑戰吧？他的父母現

在的心情會是如何呢？」頓時心情很難過。

　　我也接觸過一位年輕的個案，移民來加拿大之後，從一個原來在國內是「頂尖資優」變成因為移民語言適應不良，竟然學習成績退步；加上多年前因為一個學校考試成績不好，母親愛子心切狠狠地打了他一個耳光，造成他後來聽力受損。這些挫折加上父親來加拿大之後工作並不順利，如今，母親竟然放棄了他和他的父親自己離開加拿大。他每每說到母親時，都是一副咬牙切齒的樣子，恨極了自己的母親。

　　還有一位個案，她的父母在移民來加拿大之前，在他們的國家原來是一名優秀的醫生，父母親原來殷殷期盼她將來也成為醫生的，想不到在高中時卻因為吸毒、偷竊和性交問題而被學校退學，我剛開始幫助她就因為她在商場裡偷東西被店家發現，所以要陪她上少年法庭。

　　還有一個個案因為父母親的婚姻一直吵吵鬧鬧而罹患厭食症，見過七名心理醫生，自殺過三次。最後，除了催眠這女孩，我說服她母親讓我也催眠她，幾年後她的父母婚姻不但改善，還又去了夏威夷度二次蜜月，而這個個案也因此在進入大學之後選擇心理系為主修，並且在厭食症協會當義工，幫助其他人。

　　在催眠個案他們的一路上，我因為感動也哭過很多次。有次一位個案聽出來了，醒來時還問我：「Sunny，你剛剛是不是在哭？謝謝你為我做的一切，我以為這世界上除了往生的外婆，再也沒有人關心我。」

　　我的個案們也改變了我。

　　工作上因為看許多原來都很優秀的孩子，他們最後為什麼因為處理壓力不當或者因為父母的婚姻因而受到極大的影響，人生因此走到某些

關卡。回家後我對我孩子的教導方式一直在修正，也一直在給他們更大的自由和同理心。也因為做個案，我的婚姻也改變，變得穩定下來。我的身體也因著我的工作變得比以前更健康。

在我心裡，我一直很感謝這些我所謂的天使們，是他們前來教導我什麼叫做人生？什麼是比較圓滿的婚姻？什麼是健康？

我常常開玩笑地跟他們說：「謝謝你們信任我，我覺得好像應該是我要付你錢而不是你付我錢的。」

這應該不是開玩笑的，他們都是我的天使。

在這工作十幾年後，我終於就像我的心靈導師說的：「希望有一天你一定會變成外表很冷靜或者冷漠，但是內心卻還是很火熱的一名心靈陪伴者。」

是的，我只是一個陪伴者。我不是神，我何德何能可以改變他人的生命計畫？我只是一個陪伴者，在他們的人生處於困境或極具挑戰的時候，前來協助他們找到一股新的力量，重新開始一段比較正面的、有愛的路，並且陪伴他們走一段路。所以，往往幾年後再度回頭或者與當事人聚首時，聽他們訴說他們生命軌跡的轉變，我才看見這種的陪伴竟然也改變了我。

催眠是一個助力、一個加速器，它讓一個人透過跟潛意識的對話，從一個更高的角度來理解問題的根源和來龍去脈，有機會選擇一條不一樣的路來面對目前的挑戰。或者說，將這個人在三維度空間面臨的不管是身或心理的問題，好像書寫一般轉換到二緯度的平面上，所以可以一目了然找到問題的癥結所在，進而有機會選擇一個不一樣的解決方法。

而催眠師絕對不是魔術師，把你的問題拿過來幫你做，或者把它由黑的變成白的，不是的。我只是一個陪伴者，陪個案勇敢地、比較有智慧地在生命上重新選擇一次。只要他願意改變生命，一定可以慢慢地見到不一樣的結果。

　　通常我都按照我的家族排列老師吳文傑先生當年的建議，他告訴我：「不要回去問結果。」我終於明白為什麼他這麼說。

　　每一次的催眠都不是試試看，而是，每一次被我催眠的個案其生命一定會起變化，變化的大小取決於他個人的自由意志、希望改變的動力，以及我與他之間的緣分。我都這麼告訴我的個案：「我不可能幫助每一個人，改變是發生在內在，在自己，我只是一個助緣。因為緣分，你、我此生雖來自不同國家和地方，但是卻得以在此相聚一堂，也許，如果真的有前世，我相信我的個案都是我前世的貴人，你以前曾幫助過我，或者就像是流傳在網路上的故事裡，我是那個餓死在路邊的乞丐，你是就從我身邊走過覺得我很可憐，就把自己的外套脫下來把我蓋著的那個貴人。而此生，我為了報答對方，於是在此時此刻出現來幫助你，陪伴你，我們彼此的生命也因為這次的相遇而都被改變。」

　　我答應過我追隨了十多年的畫畫老師，也是徐悲鴻大師的義子駱拓先生，他在我開始執業時不斷對我耳提面命說：「文瑜，催眠在中國文化的『祝由科』裡是一門很重要的學問，不是給你玩的。你既然決定走上這一條路，將來無論任何人，只要他能來到你的面前你一定要盡你的全力幫助他。更重要的是，你一定要很正直。」

　　是的，我一直記得老師的話，他在前幾世一直都是來引導我的導

師，連這一世也是。

我也很感謝每一位前來我眼前的個案，是你們改變了我。

八歲開始便跟著一位具有「靈視」能力的印地安傳奇祖父潛近狼（Stalking Wolf）學習追蹤術的湯姆（Tom Brown）在他所著的《追蹤師：足跡》書中裡開頭第一章〈終極行跡〉這麼說：

第一個形跡是線的末端。線的另一端，有個生命在移動；那是一個謎，每隔幾尺就留下一些線索，一點一滴地訴說著軌跡，直到你幾乎能在腦海中看見它的形影，並真正找到它。那謎題緩緩地揭露自己，一步接著一步，很快地它就透露出自己所有的面貌，藉此誘拐你一探究竟。當你跟進之後，它將會告訴你關於它的生活與所作所為的私密細節，直到你對這形跡的製造者，宛如一輩子的老友般熟悉。

形跡就像是一片片麵包屑形成的謎題，當你一路撿拾麵包屑，直到遇到足跡的製造者時，那謎題早已進入你的腦子裡，成為你永恆的一部份。為了追蹤每一道你曾經吞食的形跡謎題，自己的形跡也隨之起舞移動、偏移方向，而發現這形跡中的微妙差異，將讓人明白你已經超越了自己。

在經過十多年的專職催眠個案和訓練學生旅程之後，我終於能夠有機會停下來把我的紀錄跟各位分享，我可以這麼為自己寫下心得：

每當一名個案來到我的催眠諮商室，眼前這個人是線的末端。線的另一端，有個靈魂在移動；那是一個謎，每隔幾年、幾世就留下一些線索，一點一滴地訴說著軌跡，直到幾乎能在心眼中看見他的靈魂藍圖，並真正找到他。那謎題緩緩地解露他自己，一塊接著一塊，很快地它就透露出自己所有的面貌，藉此誘拐我一探究竟。當我跟進之後，它將會告訴我關於這靈魂的藍圖與所有重要的私密細節，直到我對這形跡的製造者，宛如一輩子的老友般熟悉。形跡就像是一塊塊拼圖，當我一點一滴地拼湊這些圖形，直到遇到這拼圖的靈魂時，那謎題早已進入我的腦子裡，成為永恆的一部份。為了拼湊每一塊來到我面前的圖畫謎題，我的人生圖畫也隨之起舞移動、轉移方向，而發現這箇中的微妙差異，將讓人明白，原來我這個旁觀者也早已經超越了自己。

　　感謝個案對我的信任，願意打開心門讓我得以進入他們的心靈，陪伴他們走一程，當他們的生命轉彎的時候，我的世界也已經被他們改變了。是的，這就是一個共業，一種合作的關係，我們在陪伴中彼此改變、彼此圓滿、經驗、創造各自的人生路。

　　感謝老天打開一扇門讓我得以偷窺。

　　我在每一篇起頭都是記錄著我自己的腳步，第二段文章是採用匿名將數個同質性的故事混成一個故事的方式敘述，裡面的名稱和細節都經過修改，所以如有類似的情節請勿自行對號入座。

每一篇文章的最後一段是一個靜心練習，專門為希望開始練習靜心的讀者設計的，你可以自己看書練習，也可以用你的手機免費下載「Insight Timer」這個App，你可以在本書最末的〈後記〉找到這個App的下載方式和QR Code。你也可以從我的網站或者YouTube上找到每一篇的靜心時間。建議各位每天只練習一個靜心時間，你可以在未來重複做這裡的每一個練習，我建議一定要記得做紀錄，因為記錄你才能看見自己走過的痕跡。

目次

催眠師不是魔法師
——我如何走入 這條路

我是重要的，我有個目的。儘管我不瞭解我的這目
的何在。我這看似如此不重要和無效率的生命，在我未
認知的某方面，卻是最關緊要的。

——賽斯書《心靈的本質》

每個人都能夠被催眠，但是有些人很容易、有的人則比較困難。容不容易被催眠真的跟智商有關嗎？有人問我：「哪些人比較容易被催眠？」陳勝英醫生這麼說：

　　　　催眠是一個精神高度集中活動，透過催眠師的暗示，一個人得以進入其潛意識做精神分析的活動。

　　所以，一個很容易集中精神的人，其實也是比較容易被催眠的。據研究，智商比較高的人通常也比較容易被催眠，所以智商比較高的人很聰明的原因，或許是因為他們凡事比一般人專心吧！

　　催眠分為三種：一種是被他人催眠，包括他人給你的暗示、你聽、看廣告或者閱讀網上的資訊；第二種是催眠別人，所以父母親是孩子最好的催眠師；第三種是自我催眠，也就是你每天對自己說的話。

　　許多人把大部分的時間花在監視自己的身體是否哪裡生病了？卻很少花時間去享受他們具有的健康的身體。自我對話是一種強大的催眠暗示，你常常會暗示自己的身體：「你是很脆弱的，你是很不健康的？」或者你在暗示你的身體：「你是健康的」？你去運動但是卻跟自己說：「不運動就會生病」。你吃有機的食物，但是心裡卻擔心空氣、擔心喝的水不好。最後，你的身體一定會聽從你的信念而行動，這是身體和信念的合作關係。因為，你的意識是身體的主人。你不必花錢找人給你催眠，因為你時時刻刻就在催眠自己了。

　　2015年10月，我回到台灣探親也接受邀請做了多場演講，在會場上

我見到初中和高中時期在精誠中學的同學，也見到大學時代的朋友，他們都異口同聲說我變了，而且是變得更好。哈哈！因為我只是覺得自己一直走在我非常熟悉的道路，即便可能轉彎或者走向另外一條路，我也無從檢查啊！如果，我真如朋友察覺的，改變很多的話，那麼，有跡可循的是我在西元1998年前後回到台灣接受陳勝英醫生多次的催眠，最後也接受他的建議回到加拿大考取催眠師執照。此後我的人生開始了一段急遽的改變。

在此之前我的人生掉到很負面的情況，其中一個最大的挑戰是我的生理健康亮起紅燈：除了頸椎骨刺引起的手麻無法入睡之外，還有大三開始的過敏問題和後來到了加拿大之後變成了嚴重的花粉熱、以及激烈偏頭痛讓醫生們束手無策。每當偏頭痛發作起來時，我只能關在廁所狂吐三小時，或者得選擇服用強烈止痛劑，而這也是我一直抗拒的，因為我無法忍受這藥物帶來的副作用。記得有一年懷孕老二的時候，正好遇到花粉熱季節，因為我不敢吃抗過敏的藥又抵不過花粉熱的痛苦，所以只好飛回去台灣，至少灰塵過敏的反應比花粉熱來得溫和一點啊！記得婚前我為了過敏問題，父親曾帶著我到處拜訪中西的名醫，做過鼻子的減敏手術，也試過中藥卻始終無法徹底改善。

之後我因緣際會地在加拿大讀到陳勝英醫生關於催眠的著作後決定開始跟他聯絡，並且安排回台灣去找他。陳醫生畢業於台大醫學院，其後在美國加州執業二十多年。在其執業期間因為嘗試利用催眠來協助他的病患意外發現催眠的奇妙，尤其是前世催眠的部分，這令生長在「子不語怪力亂神」的傳統台灣家庭的他更受啟發。於是他在退休之後決定

回到台灣做這一方面的研究，因為他認為台灣是一個研究前世催眠很合適的地方。

　　而我有幸接觸到一個具有十足科學底子的催眠師，分享他在這個領域幾十年來的經驗談。現在回想起來，彷彿冥冥之中早已安排要引領我成為今天寫這本書的人吧！

　　被陳醫生催眠的時候，一開始探討頭痛的主題時他引導我找到某個前世。當時我感覺到我就住在一個深谷裡頭，知覺到自己很像身處美國的大峽谷地區，那一世我是個北美印第安女孩，不知為什麼從一個很高的瀑布掉下來，撞到後腦杓的那一剎那我立刻感覺到自己真的頭痛欲裂。（這時陳醫生引導我改用「看電影」的方式來體驗，所以才使得頭痛停止。）我感覺自己躺在水邊等著什麼人，但是三天後孤單地、痛苦地死去。

　　在這裡我需要補充一下我的現實經驗，西元1990年我還在美國威斯康辛大學讀研究所，跟著朋友一起旅行到猶他州的一個國家公園。我永遠記得我們在日正當中的時刻來到一個山谷，這裡十分炎熱，處處是紅色的大石頭、沙丘，很少的綠樹或草地，十分荒涼的景象，遠處山腰上留下有早期北美印第安人曾經居住過的洞穴，旁邊一個介紹牌上寫著：「原來的地名：天堂」。我望著眼前的景象第一句話脫口而出的就是：「我好像知道這裡為何叫做天堂，我想，我來過這裡，我好像，回家了。」這是一次十分震撼的經驗，對我而言尚且不曉得自己何以會有這種感覺，很熟悉卻又很陌生。

　　這震撼經驗也一步一步將我帶領到尋找前世的旅程，至今二十多年

了也即將告一段落，希望將來有機會把它完整地寫出來。

　　我記得陳醫生當時的引導詞是這樣的：「你現在住在二十世紀的加拿大，這裡是安全的，所以請你把這一世的記憶留在那裡，不要再帶過來了。並且在將來你也會慢慢地理解為什麼你現在需要重新經歷這個經驗？你要從中學習什麼？」之後，陳醫生將我引導去探討我的花粉熱的問題。

　　其中我看到未來可能的一幕。

　　催眠中我看見自己已經六十多歲，我跟先生正在一處山坡上採集一種黃色的花回來做材料，這種植物對一些現在被認為「不太正常」的小孩有幫助。然後，我來到我自己的工作室（被催眠時我當然還不是催眠師、也沒有什麼自己的診所），在那裡我服務的對象是個小孩子。我們坐在一組小型的兒童桌椅旁我正在幫助他。我還記得我可以詳細地描述周圍的每個景物，包括那個黃色的花也在場。

　　陳醫生問了我一些我對這個對象的經驗和看法，我也回答他，我完全是依據在催眠狀態下的直覺說出來的答案，連自己都不知道自己在講些什麼呢。他對我說：「Sunny，我覺得你的發現很珍貴也很可信，至少目前醫學上還沒有人從這方面來研究這些孩子，其實這些孩子在我們的眼裡看來好像不正常，然而這也可能是他們與生俱來的而導致他們的行為跟我們很不一樣，也許將來有機會你應該提醒正在做研究的相關人員你的觀點。」當時我當然是沒有任何催眠術的訓練，更沒有很多療癒的概念。這一路，我花了近二十多年走過來，我終於一點一點地慢慢理解，這幾次被陳勝英醫生催眠時我所蒐集的資料，它們就像一片片的拼

圖從我的潛意識浮現上來，並且等待我去解讀。

　　我在醫院催眠一個來做牙齒治療二年級的小女孩，因為她對多種麻醉劑過敏所以改用催眠術。我們一起坐在一組Ikea買來的小型兒童桌椅旁，那一剎那我突然有一種似曾相識的感覺，原來這一幕就是我在被陳醫生催眠時所感知到的那個「可能的未來」啊！原來對於一個子不語怪力亂神的我來說，我就一定要透過令人難以忍受的生理疾病、和西醫束手無策的結果，慢慢令自己轉彎，開始接受另類治療的概念，甚至在生病之後，開始親身體驗，把練習氣功、太極拳、中醫經絡五行治療以及西方二十世紀出現的新時代身心靈理念引進我的生活。

　　原來，這些看似負面的生理疾病竟然是引導我改變的契機，若非這些疾病的存在，我怎會走向這麼另類的職業呢？如今每每想到過去的疾病，我只有感謝他們的存在過，也感謝在這一過程裡曾經協助我的每一個人。

　　一如愛因斯坦提出的《時空論》，他認為時間和空間其實是一個幻相，雖然在現實世界上我們無法改變我們對時空的認知和依賴，然而我們卻經由透過催眠的意識改變狀態體驗到過去、現在和未來的同時性。

　　藉由催眠到未來去窺探到的結果並非絕對的或唯一不變的未來，而是在百百種可能性的其中一種而已。端看自我當下的選擇是什麼。當時，我可以選擇繼續忍耐下去或者繼續以西醫的方式來治療這幾個疾病。然而，我選擇了一個很不一樣的路，這一路走來就造就了現在的我。也許，有一個可能的、平行的自己就在另一個維度裡頭，而那個Sunny可能不是催眠師，而是繼續在跟自己的花粉熱和偏頭痛奮鬥的我。

選擇權永遠在自己手中，當下才是威力之點。我也曾經想過其他的可能性，然而，目前這一個是我最喜歡的，我告訴自己：就讓當下的我好好體驗這個新的人生吧！

以我自己和我這麼多年的催眠個案的經驗，我歸納出：

催眠下的覺知並非是「眼睛如實地看到」，而是「腦海中意識到」或「感覺到」一種顏色的出現、溫度的變化、人物的陪伴或情緒的起伏。因為當一個人進入催眠狀態下之後，他的感官會因為高度的集中而變得十分敏銳。例如我有一位個案，她的鼻子早已喪失嗅覺，煮飯時也往往聞不到任何味道，但是在被催眠之後，竟然可以感覺自己當下可以聞到桂花的味道（當時我的診室並沒有任何桂花或者桂花氣味的物品）。醒過來之後她的鼻子竟然恢復嗅覺，連她的醫生都覺得很不可思議。還有一位年輕女子被催眠之後雖然「看不見」什麼，但是當我引導她赤腳走在一個鋪著厚重地毯的樓梯時，她卻可以如實地形容腳碰到地毯的感覺。

有些個案來到我的面前，他們所要尋求的不外乎下列幾項：「我的問題都是我的先生造成的」、「如果我當初結婚的對象不是這個人」、「如果我有好一點的工作」、「我就是遇人不淑」、「我的運氣不好」、「為什麼孩子都不聽話」、或者「如果當初我的學歷好一點」、或者「我的身體要長癌症又不是我的錯」。這些人希望催眠能夠幫助他們立刻把自己的人生由黑的變成白的，而且最好只要一次就可以做到，或者不要花這麼多錢就可以變好。

到目前為止，我要承認我不是魔法師，我無法把他們的人生經由一

次催眠就從黑的變成白的，那麼說是不負責任的。

　　催眠，能夠幫助人理解為何需要某些生活上的挑戰，打開神性的智慧並且啟動內在的力量，來改變自己或者勇敢接受眼前的挑戰。所以，每次在我開始進行一段催眠的時候，我總是要求個案就他們自己的宗教信仰與我一起開啟這個神聖空間，這就是我在催眠開始前做的祈禱：

> 感謝某某人的神性，允許我在此時前來協助他找尋生命的答案，請賜給我們勇氣去改變我們可以改變的；請賜給我們耐心去接受我們不能夠改變的；請再賜給我們智慧去明辨期間的差異，感謝。

　　某次在陳勝英醫生催眠我的時候，我瞥見我九十二歲可能的一個未來。

　　在那裡我是一個老太婆、變瘦小了，哈哈。我感覺自己留著灰白短髮……我正在接受頒獎……我可以感覺自己的健康狀況良好……在致詞時我抬起頭來對著上天只說一句話：「感謝老天開了一扇門，讓我得以偷窺，感謝。」每當我工作不順，灰心、想放棄時；或者接到催眠後的個案傳過來的好消息時，我總是回想我在可能的、九十二歲的這一幕。這是我這麼多年來的信念，也是引領我不斷往前的燈塔和力量。而我，彷彿還在那個夏天，我在陳勝英醫生的診所，他，就在我身旁。

　　來到我面前的人問：「為什麼我會有一個健康上和心理上都這麼難照顧的孩子？」、「為什麼我的屬下都這麼漫不經心、經常犯錯、事情

常做不好？」、「為什麼我的父母對我不好？也不好好相愛？」、「為什麼我老公就只是工作養家，不花一點時間關心孩子？孩子都跟他不親。」、「為什麼得這種病的人是我？」催眠下，那個神性的自己跑出來說話了：

「孩子有身體和心理的障礙，是為了成就你這一世能夠變成很堅強的人。」、「如果你周遭的人不那麼粗心大意的話，又怎能突顯你的不一樣？如果你此生是要來練習成為一個完美主義者的話，那麼在你身邊不完美的人都是為了成就完美主義的你而來的。」、「父母的不相愛是不是讓你更珍惜你的婚姻了？」、「你是為了展現自己此生那麼地盡責，你把先生和孩子如何相處的功課都拿來幫他們一起做了，還要抱怨什麼？」有次一位美麗的個案給我留言說：「剛心裡蹦出一段話：『若我們是來人世間當實習神明，那我們要如何看待那些不公平或欺負我們的人事呢？』哈！心裡突然一陣爽快！」我回答她：「哈哈哈，隨你了小神明。」賽斯一直說的：「一切都沒有對和錯，只有經驗過。」

《與神對話》裡也提到，如果你不喜歡現在的你，你可以再選擇一次，選擇一個不一樣的態度來對待它、選擇一個不同的行為來處理它。然後問自己：

「你是否學習到什麼？」

個案：老師，我應該離開嗎？

　　阿比來找我的原因是長期的失眠問題，八年吃的藥已經從一顆加到三顆藥都對她毫無幫助，現在睡前她得要喝幾杯酒才能睡著，最後在兩個家庭醫生的建議下，她決定來試試看催眠。在面談的過程，她說了很多關於自己的無力感，想要做而未做的夢想，以及那個沒有信心的自己，連孩子都看不起她。

　　我們事先做了一個問卷，把她如何睡不好的狀態釐清，因為有些人一開口跟我說：「我每天一定要睡足八個小時，否則我就覺得沒有精神。」這是一種很強的自我催眠啊！

　　很多人相信這種說法，以至於不斷的在心裡暗示自己說：「啊，今天太晚睡了，明天早上七點一定爬不起來。」就真的爬不起來。

　　有人說：「我昨天只睡了七小時，所以今天一定沒有精神啊。」答對了，你的身體一定會跟你的信念配合，它沒有其他的選擇。

　　其實，我發現很多人白天的時候並沒有很多體力上的活動、整天在家，打瞌睡的時間其實很多，到了夜晚當然就睡不著，加上不斷的自我暗示，就更覺得自己睡眠不足。更何況每個人所需要的睡眠時間根本不一樣，我知道有些人每天只要休息五、六個小時精神就很飽滿。

　　有人可能因為服用藥物而導致睡眠品質不佳，有些人則是其他心理上的問題。

　　開始的時候我問阿比：「你在家一天的活動如何？可以稍微講一下嗎？」阿比和先生都是公務員，兩人每日的生活方式極為固定。

　　阿比說：「我下班就回來做飯啊，收拾廚房、洗衣服。我先生回來後就坐在客廳一直看電視，直到睡著，他經常就睡在客廳的沙發上。」

我說：「喔，那麼家裡還有哪些人跟你們住？」她說，公婆跟他們住一起，還有兩個小孩，一男一女。還有，先生的薪水至今都還是固定交給婆婆在打理，她自己就花自己賺的錢。

她說：「他也都沒有拿錢回來啊，都是他媽媽在管的。」話匣子一打開，她嘩啦嘩啦地說了很多話，我知道了她的婚姻在外人看來很幸福，但是有婆媳問題，導致夫妻也早已經是人家說的：「室友關係而已」，也就是只是住在同一個屋簷下，但是很早就沒有很多互動，更何況是親密關係。孩子都大了，她也厭倦這種關係，加上公婆經常干涉他們的生活，她想要離開這段婚姻，連孩子們都跟她說：「媽咪，你跟爹地離婚吧！」她越說越氣憤，最後開始哭了起來，我只是靜靜地聽。

我說：「請你把眼睛閉起來，慢慢地跟著我做幾次深呼吸好嗎？」我讓她開始進入催眠狀態。

我一邊催眠一邊丟給她的潛意識一些問題：

我的人生當下如何？

我是否已經在我希望達到之處？

我是否又開始懷疑自己的能力？

或者，我白日夢太多而行動太少？

我還記得我的目標嗎？

無論我是否離我的目標已經太遙遠，我都不再回到過去去後悔，我唯一能做的就是當下重新做選擇、改變。如果我太為過去悔恨，我只會把自己推到更黑暗的角落，然後一直在找那個「真實的自己」在哪裡？

我的「企圖」是什麼？我現在可以做什麼讓這一輩子走來不會覺得

自己在浪費時間，人生已經夠短暫了。

我在創造什麼？

我可以有選擇。

在說最後一句話之後，我暗示她回到問題的根源。

我們走過很多過去的場景，都是跟她的婚姻有關的，她一直都很不快樂，雖然這是一段因為父母的希望而結的婚，她從來都沒有快樂過。

很多大大小小的事在催眠下一一浮現，最後來到她小時候，有一幕景是這樣的，她說：「我就站在二樓的窗邊，我幾乎搆不到邊緣，所以我是站在一個小凳子上的。」我問她：「你在那裡做什麼？」她哭著說：「我看見我母親的背影，我知道這次她真的要離開我們了。那天之後，從來就沒有再回來看我。我在婆婆家（奶奶）。我那時候很小，還沒上幼兒園。」我問她：「關於你的父母，你記得什麼嗎？」她說：「我記得媽媽常常哭，爸爸會打媽媽，也打我和弟弟。媽媽經常離家出走，幾天後就再回來，但不是這一次。」她哭得很傷心。

媽媽很勇敢，她離開了，但是把我留給婆婆，我們的生活很辛苦。

我問：「你還記得母親的樣子嗎？你最記得的關於你父母的快樂時光是什麼？」她說：「爸爸下班後帶我出去賣糖葫蘆，我們走在街上。」這次，她露出幸福的笑了。

我問：「還記得什麼？」她回答：「媽媽把我抱在懷裡，我在吃奶啊，呵呵呵呵，媽媽身上穿的毛衣刺到我的臉了。」我暗示她：「請記得現在的幸福，任何一個時候，只要你需要，你都可以很輕易的再回到這裡，再度回憶起這個幸福的時刻，它會永遠陪著你，讓你有力量。」

每個人心底都有一個小小孩，小小孩就是他自己的英雄，請一定要記得：你是一個勇敢的靈魂，所以才會來地球。

　　我們常常需要回去陪伴那個小時候的自己，那個自己當時真的很勇敢，我們沒有放棄、沒有哭，就是一肩擔起挑戰，然後想辦法解決。

　　然而，現在長大了再回過頭去看那個自己，記得去安慰他、鼓勵他、當他的肩膀讓那個小孩的自己依靠一下、哭一下、發洩情緒。一旦那個過去的自己改變了，現在的自己也就變了。

　　一定要理解自己當時為何需要吸引那個事件，這一路到底學習了什麼？是不是現在變得更勇敢、堅強、也更有智慧？所以，過去那個挑戰其實是在為未來這個你作準備。

　　因為，時間只有一個，那就是現在。而空間也只有一個，那就是當下。

　　我再度暗示她關於她目前的婚姻，我說：「你在這裡經歷這個婚姻，為的是要學習什麼？或者，它對你有什麼影響？」她回答：「沒有這個婚姻，我可能永遠無法體會一個家庭的重要，我的孩子給了我最好的經驗，我知道我也可以這樣愛他們。」我說：「那麼，你的先生呢？」她哭得很傷心，說：「我很難過，為什麼他要這麼做？他一點兒都不愛我和兩個孩子，我的孩子都這麼感覺。他們問我說，媽媽，為什麼爸爸不愛我們？」再進一步探討這裡面的故事，才知道原來這又是一個重男輕女的家庭。

　　我暗示她說，你現在想像自己站在一個舞台上，舞台旁邊有一個簾幕，從裡面走出來一個人，那個人會是誰？

她說：「我看見我婆婆站在我面前。」我說：「好，現在看著她，然後又有人出來了，是誰？」她回答：「是我先生的外婆。可是她早已經過世了啊。」後來出現的老奶奶前幾年往生的時候已經一百零一歲了，台山人。

我問她：「為什麼外婆需要在這裡？」她驚呼：「啊，原來外婆曾經活埋過一個女嬰啊，我的婆婆也是重男輕女的受害者。」我說：「這樣，你的婆婆知道如何愛你們嗎？」她說：「這就是她知道的方式，難道，她是在用她的方法愛我們嗎？」接下來我引導她的神性去理解這一段。

接下來，催眠進入很深的階段了，我讓她站起來走一段時間線，來到未來一段時間去看看是否是她想要的。

在她停下腳步後，我問：「你現在在裡面還是外面？你現在年紀多大？」她說：「我站在一個房子的客廳，臉朝著外面可以看見一片樹林和一個小湖，我覺得我有一點老了，七十幾歲吧。」我問：「你旁邊有人嗎？可以形容一下你現在的感覺如何？」她回答：「我很平靜啊，這個客廳很美，牆壁是我最新歡的淡藍色。我身邊沒有人。」我不知道她跟先生最後怎麼了，為什麼她是一個人呢？我問，你看看這個房子，形容一下。她說：「二十九號，白色。在一個小街道的最後一間。」

催眠結束之後，她問我：「Sunny老師，請問我應該離婚嗎？」我還是像回答其他個案一樣這麼回答眼前的她：「如果妳是我的女兒，我會不捨得你這麼痛苦，但是，既然你稱我為你的老師，那麼，我要說的是，婚姻就像個道場，你既然決定走進來了，現在遇到挑戰你就想逃，

你想你還可以到那裡去修行嗎？」我還是重複這段話：

曾經有人問我：「你在FB說：『把自己過得很好，就是給這個世界最好的禮物。』神造我，祂既然愛我，為何要讓我不斷的受苦？」我的回答是：

「賽斯教我：你從這個事件學習到什麼？在你面對這個挑戰的時候，你選擇用什麼態度來面對？

你改變自己？尋求幫助？放棄？回來愛自己？拒絕一直做受害者？學習如何經營一段關係？放手？回來看那個需要被愛的自己在哪裡？是小時候的印記？父母的關係給你的信念？

痛苦對於成長是不必要的，除非它讓你學到解決痛苦的方法。

你的信念創造你的實相，你應該回來看的是你的信念是什麼？如何架構出來的？你要不要選擇改變它，所以才能改變你的外在實相？

佛說：『一切皆為虛幻。』外面是你內在的一面鏡子，外在有什麼，你的內在就有一個對應的信念。

這就是為何我願意花十多年的時間，為別人、也為自己帶領賽斯讀書會。愛和受苦都是自己的定義，至於神，它沒有分別。是我們自己選擇要把它定義為苦或者幸福。」

有天早晨我由清明夢裡醒來，有一段話一直在腦海裡盤旋：「業，是尚待完成的學習；果，是面對人生挑戰的態度；覺醒，就是在此生找到業，然後重新選擇做法，而你一定有選擇，這就是修行。」感謝，感謝老天讓我得以再一次有機會回來選擇這次我要如何完成這些業。

後記：事隔一年後有一天，我在辦公室突然接到阿比的電話，她很

幸福地跟我說：「老師，我現在就在這個屋子前面喔。」我都忘了什麼屋子了，直到她解釋了一下，說：「而且，真的是白色的、二十九號。」後來阿比跟先生、孩子搬離開公婆的房子，不過距離也不太遠，還能相互照顧。阿比還說，她自從搬出來之後，開始跟婆婆煲電話粥（電話聊天很久的意思）了。每次聽見他們的傳回來的消息，我都在心裡面說：「感謝，感謝你對我的信任。」很多人對於催眠師最大的疑問是：「你到底有沒有神通？」我終於找到答案了。

後來轉世成一個西班牙小男孩的耶喜喇嘛生前說了一句話：「一個人展現最大的神通，就是能夠改變一個人的心。」

靜心時間：內在朝聖之旅

＊小提醒＊

....

這個部分是一個讓你跟自己對話的練習，你可以只讀內容、也可以到我的網站、或者你也可以

一邊配合Insight Timer App裡的錄音檔進行這個活動，裡面是我的聲音，幫助你更加容易進入

內心的世界。下載QR Code請見書的最後附錄（第227頁）。

　　想像你自己是外頭那個寂靜的、如如不動的、藍色的天空。

　　把你的注意力放在呼吸的地方，也就是鼻子和上嘴唇之間人中的地方。

　　先把你的一隻手放在胸前，另一隻手放在丹田的地方，也就是約肚臍下三個手指頭寬的地方。

　　慢慢地跟著我做五次腹式呼吸。

　　吸氣和吐氣的時候，只有你放在丹田的那一隻手會有起伏，放在胸前的那一隻是不動的。

　　你也可以想像有一個橙色的氣球在這裡，當你吸氣時就一邊把這個氣球打氣，讓它漲起來。

　　吐氣的時候就直接先把你的肚子壓扁，想像那個氣球變扁了。

　　就這樣五次。

　　然後，回到正常呼吸。

　　我要你把你的焦點再度放在人中的地方，保持正常呼吸就好。

　　接下來，安靜一下下，也許一分鐘或者兩分鐘的時間。

當你再度回來的時候，我要你回到過去，一一將你認為自己做得很棒的事想出來。

　　小學的時候你做過什麼事幫助老師？同學？你最擅長的是什麼？打掃？背九九乘法？當家人忙碌的時候，你幫助過家人做哪些事？

　　你跟朋友在一起的時候他們最喜歡你的哪個部分？你是不是常常都是那個安靜地陪伴他們、聽他們說話的人？或者你常常是那個提供建議的人？你對朋友很貼心嗎？或者你對電腦的知識很豐富，往往你都是幫助別人的人？你也許是個很會買東西的人，你知道如何找到最好的東西。

　　在學校的時候，你花很多時間在學習一個科目上，你曾經得到嘉獎嗎？或者，你常常喜歡幫助別人，也許你曾考慮過從事助人的工作。

　　在職場上你認真思考過你的優點嗎？不遲到、承諾的事一定做到、你常為你的客人設想周到、或者你的思慮很謹慎往往幫助團體少犯錯誤？

　　關於你的健康，雖然你可能有一部分正在生病，但是，你的心臟如何？你的皮膚如何？眼睛呢？去看看那些並沒有令你失望的部分，它們都一直很健康、很盡責地在運作者，你曾感謝過它們嗎？

　　每一次只要挑選一個主題，只要這樣做十分鐘就好。

　　睜開眼睛之後把一些你記得的寫下來，準備一本專用的筆記本或在你的電腦開一個專門的檔案，一邊讀這本書，一邊隨著每一個章節的靜心時間練習，也一邊做紀錄，你一定會從中發現一些蛛絲馬跡。

　　恭喜你，開始一段不一樣的內在朝聖之旅。

· 我的紀錄 ·

人生拼圖

你就坐在你自己的奇蹟內，卻還再要求一個奇蹟。

我要打開的就是你的「心眼」。

——賽斯書

02

我們有天生的智慧作為後盾，它時時刻刻試圖改正我們的錯誤，藉由衝動、靈感、夢、生病或意外事件等方式試圖改變我們，除非我們全心全意相信自己的內我，才能解答這些語言。

夢、靈感和衝動帶領著我們往前行，就像是一個人因著概念而長大一般，在嬰兒時期從來不需要問：「為什麼？」就能長大、走路、講話。如果，他開始懷疑這一切的原由，那麼光是講話這個生理的機制就令他十分彷徨、不知所措，更遑論要知道如何開口講話了。

一如春天的鬱金香，也從來不懷疑要如何可以長成一株開著鬱金香而非玫瑰的花。所以，鬱金香永遠不會開成玫瑰花或百合，因為它永遠信任未來。

在我們嬰兒時，我們永遠信任未來可以長大成人，未曾懷疑過。

我們對未來的概念把我們帶到現在這個點，遭遇現在身邊的人和事件。

啊！原來，這就是魔法。我們天天在玩魔法，卻不知道自己是偉大的魔法師。這是在讀到賽斯書之後的體會。

打從我十三歲接觸到佛洛伊德先生的《夢的解析》，我就開始探索生命未知的領域，這一路的尋找，我不斷地問自己：「我是誰？我來自哪裡？我為何在這裡？我的使命是什麼？」這一路我接觸到日本多湖輝博士介紹潛意識、塔羅牌算命、撲克牌算命，大學時代我有幸走進《易經》的世界。離開台灣到美國研究所求學之後，我就開始接觸基督教和很多新時代的資料，例如歐林、奧修、克理希那穆提、聖境預言書等，我還是很迷惘，不知道自己的許多經驗到底是從何而來？

關於我的問題，科學的知識解釋很有限。於是在2005年的一個機緣下我接觸到了賽斯書，那一年是我人生非常低潮的時候，接下來我花了幾年的時間把賽斯書通通看過，賽斯書把我帶到另一個領域，為我打開了一個門。

2006年冬天，我開始在加拿大地區和網路上帶領賽斯讀書會至今。有許多我的催眠個案最後都來到讀書會，持續跟我一起研讀賽斯書，我得以在一段很長的時間裡觀察他們的改變，那是最令人喜悅的。

在現實生活上我也有自己的挑戰，我也需要導師帶領我。例如我從事了十多年的繪畫，我曾經遇見幾位對我影響很深的老師。

有一年春天，我的繪畫老師安德魯先生教大家如何挑戰自己，去畫一幅自己平時沒有嘗試過的更大尺寸的畫，所以我特別選擇了一幅六呎乘以六呎的畫板，但是在第一天開始動手畫之後我就後悔了。回家後我把那天畫的部分完全捨棄掉重新上底漆，並且把原來直式的改為橫式的，但是，我還是又想放棄了，太難啦。

第二天拿到教室，安德魯老師看出來我的沮喪和困惑。

他的手搭在我的肩膀說：「Sunny，現在，先閉上眼睛跟著我做三次深呼吸。」

睜開眼睛後他對我說：「你會不會在第一次催眠你的個案時看見這麼多問題，然後就告訴你自己，放棄算了？」

我說：「不會的，他們來到我面前時，我往往就能夠看見他們美好的未來。我可以知道他們的旅程現在正在什麼地方轉彎。」

老師說：「我是你的老師，我也看見你的作品將往哪裡去，我也知

道你現在到了哪裡？為何會沮喪、想要放棄。那麼，我再問你：你會不會被你的催眠個案的故事搞糊塗了？糊塗到只看見缺點，不曉得重點在哪裡？」

我說：「我當然不會，我的經驗告訴我，哪裡是死角、哪裡要轉彎到背後看看那邊有些什麼、哪裡是他即將因為這個挑戰而要往上爬上去的，我早就看見他們未來的結果。」

老師說：「我的經驗也告訴我在你一開始畫畫的時候，我也知道你為什麼會遇見這個挑戰？下一個挑戰可能在哪裡？你為何想放棄，因為你的經驗並不知道要如何從一個主體背後去找你要的效果，你太聚焦在未完成前的每一個部分，尤其是錯誤的地方，你認為你畫錯了，所以你上次就直接把整幅畫放棄重新來過，但是你並沒有保留你原來畫得很好的地方，你只是看見你畫不好的地方就認為你失敗了。對不對？但是，因為我是你的老師，我的經驗就讓我看見你即將會完成的作品。」

那一天，我堅持努力不放棄，把這幅畫完成，這幅畫竟然成了那年我最大的進步。我又突破以前的自己往前更進一步，再度往我內心想要去的方向前進。

我很感謝安德魯老師，也感謝自己的不放棄！

是的，很多時候我都能夠看見個案們未來結束催眠後會開始的新的人生，記得我學習家族排列的老師吳文傑先生在我開始執業時就告訴過我：「治療後，不要回頭去問有沒有效果？」

我花了十年才終於理解這句話。

原來我深刻地相信把一個人的控制台，也就是潛意識心對準他要去

的目標，是改變一個人的生命重要的的步驟。人總想去到對岸，然而那個照明前程的燈塔可能並沒有開啟、或者沒有對準要去的目標，所以，就好像在黑暗的海上航行一樣永遠到不了彼岸。我被催眠術改寫人生、也絕對地相信催眠術是一種很有效的、可以加速改變的工具，往往個案告訴我說：「好吧，Sunny，我去試試看。」

我的回答一定是：「你不是來試試看而已，你是真的被我催眠了。當一名願意改變自己的、也很信任我的個案一旦被催眠過，就像是一灘湖已經很多年沒有被動到過，而我拿一隻棍子大力地在裡頭攪和一般，很多的答案從此浮現上來也把一些不需要的垃圾趁機帶走，所以，這個人的人生途徑就一定會被改變，只是改變的多少和改變的速度快慢而已。你是已經不一樣了。」

所以，不必再回去探究被催眠者到底有沒有改變。

我在訓練催眠師的課堂上，每教授一個技巧或理論就一定都會找一個人當場做示範給大家看。幾乎所有的學生在初學的時候都會緊緊盯著看我如何催眠一個人。他們幾乎都很聰明地可以學習到我的每一個招數、我如何引導一人、加深催眠程度。但是，他們卻很少能夠看見我的心裡在想什麼？我的計畫是什麼？我為什麼這麼做、這麼說。

我不斷苦口婆心地建議他們：「要成為一個最好的催眠師的方法是：接受被人催眠、催眠別人、練習自我催眠、最後還是讀書、讀書、讀書。我建議他們去運動去打坐，為的是建立自己一個堅強的體魄和穩定的心，這樣才能幫助他人穩定下來。」

催眠師所要學習的不只是催眠術，還有科學的知識、地理歷史、心

理學，以及大量的人生哲學。我的老師布賴恩‧魏斯醫生教我們時說了一句：「好啦，現在你把人給催眠了，接下來呢？你要怎麼辦啊？」

是啊，那一個「怎麼辦啊？」讓我日以繼夜的讀書，學習更好的技巧和知識、我打坐和畫畫來靜心自己，才能用更中立的態度來看整個事件，而非將自己的價值觀加諸他人身上，或者用來批判一個人的人生對錯；我用每天的瑜珈和運動來鍛鍊身體，以確保自己有個堅強的體魄可以幫助人；我從帶領讀書會、到處演講練習與人分享，來檢視我在走這條路的時候是否正確？我在家種菜種花，為的是安靜自己的心。我需要保持一股穩定的力量，以這股力量才能陪伴個案，幫助他們走過人生的低潮和顛簸。

所以說，催眠師是培養出來的，不是天生的。

很多人把催眠師當作是魔法師，希望在催眠後就能夠把一個人的人生從黑的立刻變成白的，並且從此一帆風順、無憂無慮。

有人因此質疑我說：「你以為你是神嗎？你為什麼可以介入一個人的因果呢？」

我不是魔法師亦非神，我肯定無法把你的人生一下子就從黑色變成白色，也無法在你無法生育的時候，變出一個孩子給你。關於因果和神的問題，我將之丟給一位佛家師父，他回答絕妙。

他說：「如果，在你的種子識（佛教說的阿賴耶識）裡頭有你需要的這顆種子，又剛剛好你遇見了陽光蔡（他這麼稱呼我）給你陽光和雨，那麼，這一顆種子就可能有機會能發芽長成一棵樹，假以時日就會開花。但是，如果你的種子識裡頭並沒有這顆種子的話，陽光蔡怎麼也

不能幫你長出一棵樹來的啊！」

很欣賞這樣的答案。

經常對遠道從別的國家飛過來找我催眠的人說：「你不必感謝我啦！是我要感謝你給我這個機會啊！我常常想起在網路上看見一則這樣的故事：前世我可能是那個凍死在路邊的無名路人甲，而你就是那個剛好路過我身邊，看我很可憐的好心路人乙，是你脫下你的唯一一件外套把我蓋起來，以免曝屍野外。所以，這一世我得以在此時此刻出現在你最急需被幫助的時候，我來只是推你一把、助你一臂之力而已。這就是緣分，不是嗎？」

我認為催眠師的角色是一個陪伴者，一個鼓勵者，一個在他人的人生旅途幾乎要放棄的轉角，提供可以看見光的指引者。他知道如何應用催眠術，進入不同的意識狀態，在那裡做精神分析。藉此，被催眠者能夠透過不同方式看清楚自己現在身、心、靈的狀態，以及所面臨挑戰的來龍去脈，並且從潛意識層面提供一個比較有效的、快速的改變力量。然而，最後要不要往前走、要不要開始改變自己，還是全然掌握在個案手中，個案並不會因此失去自己的主控權。

我可以在個案不健康的時候，陪伴找出一個整體的原因，看看是否應該改變的生活方式或者思考方式，然後再度回到健康。或者當個案面臨人際關係的挑戰時，一起尋找這個挑戰的好處是什麼？是不是在提醒要多愛自己一點？獨立一點？是不是應該要開始找到自己真正喜歡、也能夠做的事？而不只是一味地忍耐、配合他人、反而忽視自己的需要。

個案：她終於看見自己

　　這是克里絲的故事，她剛剛發現先生第二次外遇，身心俱疲。我陪著她走過一段時間，最後我看見她如何穩定下來。

　　她的父母親並不贊同她的婚事，所以也沒來參加她的婚禮，而她覺得婆家也因為他們來自不同的文化背景而看不起她。他們的金錢觀完全不一樣，先生很努力掙錢，但是永遠不夠她用，她有娘家的金錢支援，遠比先生每個月掙的錢還多，所以買名牌包包、買貴重物品對她而言都是從小就被允許的，她只想在家裡做一個賢妻良母。但是，先生希望她能有自己的工作，不是只留在家裡。所以，這些也就變成他們之間很大的爭端。

　　那天，我的個案克里絲第四次來到我的辦公室，她說：「Sunny，我今天來很想跟你聊一聊我自從被妳催眠後的改變。現在的我不會像以前那樣，凡事都跟我的先生爭到底，講道理也要說出個結果，我可以在大家都在氣頭上時先閉嘴，再也不得理不饒人。我記得你教我的方式：『我問自己，如果現在我已經九十歲的話，這些事對我很重要嗎？』我發現我可以決定要不要生氣了。前天他還是出去喝酒，半夜三更才回來，但是，這一次我不再像以前一樣睡不著，因為我跟他理性地談過關於喝酒駕車的事，我建議他為了這個家，能不能那天就不開車出門，搭計程車回家就平安一些？他是大人，他可以為自己的行為負責，不是我要為他負責。

　　你知道我們來自很不一樣的家庭背景，我曾經受不了他對我的花錢方式的批評，我也不喜歡他的小氣。但是，現在我開始做一點改變，我也跟他溝通過，婚前他就已經知道這個情況，現在怎可以用這個理由來

批評我？然而，我變了。我開始保留他的面子，不讓他覺得自己的錢不夠我用，我也開始在他送我東西的時候表現出我的感謝。因為這樣，我發現他也變了，變得比較不小氣了，哈哈哈。Sunny，我想問你，這樣做好不好？我的不關心是不是表示我不再愛這個人了？」

我說：「克里絲，我還記得你第一次來找我的那天，那天你看起來真糟啊！你那時候真是一個黃臉婆，但是今天你卻美極了，並且容光煥發。我很為妳高興，你終於開始多愛自己一點，而不是一味地配合他人，壓抑自己的感受。然而，你的婚姻才過了十年而已，你們眼前的路還很長。我很高興今天聽見妳說：『我還希望保留這個家』，很棒啊！你不是直接放棄。但是，不論你做什麼決定，我都會陪你的，這裡沒有對和錯，一切都只有『經驗過』。每一個挑戰都是為了你的靈魂進化而來的，沒有經過低，你如何知道高是什麼？沒有經過不快樂，就不會知道什麼是快樂，不是嗎？」

克里絲：「Sunny，我永遠記得第一次來見你的時候，你說過：如果我是你的女兒，你會勸我離婚。但是，因為我選擇你當我的心靈捕手，所以，你會鼓勵我繼續努力。謝謝你，在我最想放棄的時候陪著我。」

記得我們第一次見面，我為克里絲做的就是把她的自信心找回來。克里絲跟我以前一樣，在家裡做了十年的家庭主婦之後漸漸發現自己不僅跟社會脫節了，也發現另一半似乎不再在乎我們提供的建言，這一切都讓身為家庭主婦的我們感覺自己的價值感直直落下。除了照顧孩子、打理家務之外，我們的價值感在哪裡？如果這時候再有金錢問題的介入，問題就會變得很複雜。

催眠下我引導克里絲回到過去，把以前她做得很好的、很棒的事全部找出來，這些是她的寶藏，是引領她繼續往前走的力量，我讓她回到最自己的珍惜和愛裡。這時她哭得很傷心。

我問：「克里絲，你為什麼哭？」

克里絲：「我想到我的爸媽，他們辛苦培養我長大，我並沒有接受他們的建議而進入這個不被祝福的婚姻。」

我暗示她：「克里絲，現在想像你的父親或母親就在你的面前，可以嗎？」

雖然我的辦公室外頭現在正是最熱鬧的時間，其他六個診間的家庭醫生全都在工作，外頭偶爾傳來高跟鞋的走路聲、嬰兒的哭聲、關門的聲音，然而在催眠狀態下她的意識已經高度集中在我的聲音也就是我的帶領，她醒過來之後表示她根本沒聽見這些的聲音。

這是一段關係密碼的療癒法，我暗示她對著父母將心裡想要對他們說的話表達出來，同時她也可以接收到父母心裡的話。這時，我看見淚水緩緩從克里絲的臉頰流下。

我問：「這裡，有什麼情緒？」

她說：「我媽媽說，他們其實是擔心我嫁了外國人、一個人在國外受苦沒有家人支持，但是她也說了，這是一個很好的機會因為我從來沒有這麼獨立過。我說，我願意學習獨立，這樣我才能照顧我的孩子。」

我暗示她：「你此生的計畫是來學習和經驗什麼的？請將它們找出來。所以你會理解你何以選擇這樣的家庭和婚姻，你需要的是什麼？請那個更有智慧的你前來協助你，找出最正面的方法來幫助你達成，好

嗎？」

我讓她留在這裡幾分鐘，直到完成。

我讓她對著父母說：

「你們永遠是我這一生的父母，我也永遠是你們的孩子，你們有你們的人生旅途要走，我也有我自己的，請允許我用我自己的方式來走。感謝你們，我愛你。」

克里絲從一直流淚到變得很平靜。

接下來我們進入比較深的催眠，我下的指令是：「我由一數到三，你會回到過去一個很快樂的記憶裡去，並且理解它為什麼需要在這時候出現，好嗎？」回到過去，克里絲在催眠下看見父親牽著她的手走在回家的路上，那是北京一個夏日的午後。

我問：「這時候你多大？」

克里絲說：「大概才三、四歲吧？爸爸買個我一串糖葫蘆，好好吃的糖葫蘆，我最喜歡的。」

克里絲的眼淚又不斷地流下來。

我說：「這裡有什麼需要跟我分享的？」

克里絲說，爸媽吵架了，媽媽不見了很多日子，是爸爸每天帶著她去上班的地方，爸爸做飯、給她洗澡、但是不給她唱歌，因為他太傷心了。其實，自從她出生後，父母親幾乎未曾停止過吵架，母親的離家出走也是家常便飯。她唯一能做的就是把自己關在房裡頭聽音樂。吵架的原因是，父親有個很要好的朋友，那次在街上吃糖葫蘆時，其實那個阿姨也在旁邊。

我暗示克里絲想像自己和父親之間有一條隱形的線連結著，透過這個白色絲質般的線她能夠跟父親溝通，同時她也能如實地接收到父親的想法。我暗示她：「你現在已經不是那個三歲的小女孩，你應該可以理解你父母的婚姻到底發生什麼事，你理解之後能不能原諒他們？請那個更有智慧的自己來協助你找到答案好嗎？」

　　之後我讓她留在安靜的音樂聲裡三分鐘，指示她的大腦放鬆下來休息，允許潛意識自行去找尋答案。

　　三分鐘之後，我開口問：「現在還是把眼睛閉著，保留在這個放鬆的深沉狀態，然後回答我的問題。對於這個婚姻，你的父親還在生你的氣嗎？」克里絲回答：「不，他們說他們尊重我的每一個選擇，這就是父母之愛。我可以感覺我是被他們的愛滿滿地包圍著的。沒有責怪。」

　　醒過來之後克里絲笑著說：「他們結婚的時候並沒有徵求我的同意，所以現在我也不必為他們負責吧？」哈哈哈哈，我們都笑出來。

　　她說：「我覺得我太霸道了，我從來沒有體會過我先生的感受，尤其在花錢這件事上面。」我問她，為什麼這麼說？她說她的父母每個月給她的零花錢比她先生每個月賺的錢還多，她拿去買名牌包或衣服卻不讓先生知道，但是她總是對人說：「我又不必花他的錢啊！我讓他辭掉工作自己開業會賺多一點錢，他不肯啊！」

　　她說：「我知道我講話的態度很傷他的心，難怪他要去找別的女人。」

　　克里絲告訴我，因為自己父母的婚姻，所以她一直很害怕自己的婚姻也會跟他們一樣，果然，在先生第一次有外遇的時候就立即觸動她的

傷口，所以她的反彈很巨大，幾乎把所有對父親的不滿都丟出來。

她說：「我要為我自己的婚姻負責，我想，我可以改變自己的態度，也許找個工作對我是好的，我在家裡很不開心。」

催眠就是在面對生命挑戰的時候，願意把舊有的、不合宜的、沒有營養的信念暫時丟開，並且接受催眠師給你的一套暫時的、新的信念，然後在催眠狀態下遊戲式地、專注地練習一組新的行為模式，藉此，得以改寫潛意識的程式，改變行為。

當我們能以不同的年齡和智慧去明辨所遭遇的事件時，就會發現其實都是因為愛。有時候那個愛被扭曲了，我們才會有恨。恨，也是為了回到愛。如果連恨都沒有的話，那麼也就不愛了，不是嗎？

愛，永遠在場。這是我十多年來的催眠個案們教我的。

我看著她的改變，我想到我自己的改變，尤其是對婚姻這個部分。

感謝鏡子，讓我看見自己。

靜心時間：跟宇宙下訂單

專注在你要什麼，藉此將它們吸引過來。現在的網路充斥著種種資訊，你不乏讀到很多負面的、恐嚇的訊息，但是，如果你持續用這種訊息餵養你的心靈，你的心永遠得不到平靜。根據一個科學實驗結果顯示，人們傾向於比較容易記得自己沒完成、做不好、失敗的經驗，往往忘記自己成功的、美好的經驗。

我們要如何改變我們的焦點，將美好的、成功的經驗帶回來，藉此提高自信自信心來面對眼前的每個挑戰。讀更多的書、找催眠師、算命師、心靈老師或著上很多很多的激勵課程絕對不會讓你的人生從此無憂無慮。這些準備應該是帶領自己重新看待人生課題，在下一次的挑戰來的時候，我們能夠更有自信、更堅強和更有智慧去面對，不是嗎？

現在，安靜地坐著，把紙筆準備好，所以，當你等一下結束之後睜開，需要的話就可以立刻把靈感紀錄下來。

就像我們之前每一個練習一樣，你也可以選擇一邊聽著App的指導開始先讓自己安靜下來。

把專注力先放在呼吸上頭，也就是人中的地方。也可以看著字，一邊做。

先深深吸一口氣，用很慢的速度吐氣，就彷彿你剛剛跑了百米賽跑一樣，咻……呼氣，完全讓自己的身體放鬆下來。

然後看著自己呼吸，只要看著你在呼吸。慢慢地在心裡（也可以跟著我的聲音），從一數到七。

吸氣，心裡面唸一，然後吐氣，再唸一。

吸氣，唸二。吐氣，二。

吸氣，三。吐氣，三。

吸氣，四。吐氣，四。

吸氣，五。吐氣，五。

吸氣，六。吐氣，六。

吸氣，七。吐氣，七。

現在恢復正常的呼吸，不要去理會它，讓身體自己來。

想像一個你目前想要的一個健康的、正向的、合理的、可能發生的一件事的理想版本，也許是一個合宜的人際關係、健康情況、一次即將到外地旅遊的經驗、工作機會或者很棒的客人，都可以。

你能把你「正在那兒」的情形想像出來嗎？

你能看見自己在那裡的時候，如何走路？如何行動？或者如何講話

你「在那兒」的時候心情如何？（如果不是喜悅的，那麼這裡可能建議你重新選擇）

你可以如何自由的跳躍或者歌唱嗎？心情如何？

周邊有什麼情境？氣候如何？

你可以想像你「在那兒」時穿什麼樣的衣服？你身上帶有什麼東西嗎？

好，請花一點時間仔細地停留在這裡，想像得越詳細越好。

幾分鐘之後，再把頭腦放鬆，不要想什麼，只留有呼吸就好了。

安靜地看著自己呼吸，只是看著自己呼吸，就這樣幾分鐘就好。

最後，你決定停止今天的練習時，只要做三次深呼吸。

第一次深呼吸的時候，感謝來到你面前的所有事件和人物，允許他

們離開。

　　第二次深呼吸的時候，把這股安靜的、喜悅的、正向的能量給自己，並且跟自己說：我允許美好進入我的生命。

　　最後一次深呼吸的時候，感謝宇宙或者你的神，讓你有一個特別的機會享受這一段跟自己在一起的安靜時刻。

　　張開眼睛之後，把你的想法、感覺或者任何跑出來的靈感紀錄下來。

· 我的紀錄 ·

每一個孩子
都是一朵獨特的花

過去與未來的心智對我們是開放的，至少他們的內
容是開放的，那不是在一種寄生方式的關係，而是一種
活潑的相互取予。

我們自己的欲望、焦點和目的，決定我們可以從可
用的無盡知識領域裡汲取何種內在資料。

——賽斯書

五月花開的季節，我孩子上學的高中邀請來自當地社區三十多位不同領域的、都是從事身心靈健康的專業人士，為全校共四千多名的師生們舉辦一連三十場的工作坊和演講。因為第一年獲得家長和學校師生的熱烈反應，令校方決定繼續舉辦這項活動，第二年附近一些高中也派來老師前來考察。

　　負責的法維爾女士因為我孩子曾在她教導的「職業生涯規劃」做過關於我的職業的介紹，所以她希望我來為孩子們做兩場講座。我的專題是：超覺靜坐，Mindfulness Meditation。或稱打坐、靜心、正念。

　　來參加這兩場講座的大多數是九年級和十年級的學生，除了一、兩位坐不住的孩子以外，大多數的孩子都很願意安靜地坐下來。然而今年我發現一開始騷動不安的那幾位同學，最後也都能夠安靜下來跟著靜坐，這個現像是必然發生的。

　　我在課堂上介紹了我的工作、分享為何靜坐很重要，如何運用靜坐來安靜自己那時時轉動不停的腦子，在需要時時心神高度集中的生活中，我如何透過靜坐來迅速恢復體力和精神，這種精神專注練習，可以讓自己變得更有耐心、學習力也更迅速有效。所以，我才會堅持每日做一至三小時的靜坐。

　　在這次活動我感覺到現在的孩子比我當時都還要成熟了，他們都很有自己的想法，有少數孩子甚至都早已經接觸不同方式的靜坐。看著他們專注而堅定的神情，令人特別感動啊！有幾次當大家閉著眼睛的時候，我掃視每一個年輕的臉龐，彷彿可以看見這些孩子的未來一定也會是這麼專注而努力的。

記得，我第一次接觸到超覺靜坐（Mindfulness Meditation）是在我大二的時候，那時合唱團指揮郭孟雍先生請來一位密宗上師特別為團員們開班授課。當時的我並沒有因此繼續打坐。直到二十四年前我回到台灣教書，當時還在NCR電腦公司工作的邱師父教我再度認真地進入靜坐世界。想不到，這一顆小小的種子竟然日後會在我的生命裡長成一座森林。

　　此後，我開始往內進入這個神聖的殿堂一窺生命的奧祕。直到如今靜坐已然變成我每日的糧食，每天一、兩個小時的靜心時間，成為我生活最佳的動能，幫助我更能時時刻刻覺察自己的心念。

　　現在我來到孩子的學校看著這一群大孩子，心底真是感動也感謝他們給我這個機會，也把這顆寶貴的種子種在他們心底。

　　我在想，也許也在將來他們到了也是像我一樣五十多歲的時候，再回頭回想起這一天我帶領他們開始做靜心，他們會不會也會像我這樣，跟自己說：「原來，在我很年輕的時候，有人在我心底種下一顆種子，現在長成一片森林了。」

　　孩子，謝謝你們。

　　如果，你是採取時間線的二元論來看這件事，你會得到一個結論：我因為接觸了靜坐而逐漸走向催眠師這一條路。

　　但是，如果時間如量子物理學家說的，是一種幻相的話，那麼，「因」就不一定在「果」之前。會不會因為我未來的計畫是需要走到催眠師這一條路，所以，在我很年輕的時候就要開始種下這一顆種子？

　　回顧成長的過程你是不是也曾經有過這樣的體悟？啊！原來，這件

事就是要將我引導到這裡？

　　就我當催眠師這件事，我可以回溯到小學五年級（民國64年）班上有位方同學的奶奶往生，我知道她家很貧窮所以決定號召大家捐款給她。我還記得當時的導師李柱先生問我：「為什麼要這麼做？」面對導師我當然是很緊張，我一邊流淚也非常勇敢地告訴他我想幫助同學。那次，我們獲得新台幣五十元的捐款，那是1976年的事，我的記憶十分深刻甚至記得當天我把錢放在白色信封送到她家，因為是喪事所以我只能站在路口的竹林下把錢交給她，我都還記得方同學接過白色信封時一直說謝謝、謝謝的神情，現在想起來應該是她幫助我才對，她開啟了我一部分未曾被觸動的心靈。

　　上大學以後我協助了系上一些人，有位學妹出自名門中學但因為聯考失利才進來我們學校，她開始抑鬱所以精神開始不穩定，記得我們經常在圖書館聊天。還有一位跟我們一起上課的學長也是一樣的情形所以當時很不開心，我們認識後經常見他精神無法集中，他告訴我，他常常在心裡頭「看見」自己一個人坐在盪鞦韆上，而我能做的只是聽他說話。當時的我不太明白這到底發生什麼事，但是我都很盡力在陪伴他們。

　　還有一位哲學系轉過來的同學，她其實不太喜歡我還跟外頭的人說因為我考上合唱團而她沒有，下學期時她明顯有了幻聽和幻覺，最嚴重的一次是她認為同寢室的室友留她的男朋友在房裡過夜，這次終於令她精神崩潰了。她把自己關在房裡好多天不來上課，於是我跟她的家人聯絡，陪著她的嫂子去看她。

還記得同班有一位學姊降級變成我們的同學，大四期末考的時候這位同學可能因為壓力太大而精神變得很焦躁，整日整夜睡不著，也開始有了幻覺。當時我跟班代兩個人一一拜訪了我們每一位教授，求他們讓這位同學畢業吧！畢業後最後一次見到這位同學是在學校的餐廳，她過來跟我聊天，顯然很開心有這份工作。我也很高興能再見到她。

　　初中一年級時我有一位好朋友，他是個才子，他是第一個教我什麼是新詩、如何寫新詩的人，他告訴我他小學的時候為了做實驗，拿著一把傘從二樓跳下來的故事。他第一次教我愛上聽「黃河組曲」、「梁祝」這兩首偉大的作品，而當時這些都是被政府禁止的。最後，他並沒有順利地上大學因為他的功課實在不怎樣，當時的聯考是唯一的出路，相對於人生勝利組而言，我看見這些很有才華的孩子被制度遠遠拋在後面，我在想，如果這些孩子是生在西方國家呢？他們會不會都變成很成功的木工、農夫、作家、發明家？

　　我記得他們每一個人的故事，這些故事現在想起來都變成是我的天使來協助我的，因為他們我也成就了現在的自己，所以當我在看孩子的時候，即使有時候也會因為期望而焦急，但是，我總是跟自己說：每一個孩子都是特別的，就像一棵百合會開出一朵百合，你又怎能期望它開出一朵玫瑰？為人父母的最重要的是如何發掘孩子的特色，幫助他們在此生開出屬於他們最美麗的那朵花。

　　我們很難從細節裡去看見一整個圖，每一個過程都像是織布時的每一條線，你無法從這些線看出將來它到底會變成什麼圖案，除非你有耐心等到最後。每一個孩子來此都有他自己的計畫，我們到底這一世真的

喜歡成為什麼樣的人，其實是從小就有跡可循的。我也是幾個孩子的母親，對我而言最挑戰的無非是信任我的每一個孩子，無論他們現在選擇什麼？做什麼？我都要學會信任，信任他們終究走到他此生的道途，而我看見自己被允許開出一朵屬於我自己的花，而這個過程花了四十年，我在四十歲成為催眠師、也才終於理解此生的每一個步伐、每一個轉彎、每一個傷心、每一個挑戰，它們為何要這麼設計，我很感謝我的父母等了我四十年。

個案：他是個鋼琴家

　　我第一次見到亞力山卓是在醫院的精神科隔離病房，那一年他二十四歲。他因為連續兩週睡眠有問題，精神很不穩定，當然他母親還懷疑他可能服用毒品。最後是有一天在離家出走的時候被員警找到而強迫被送進去精神科病房。我被他當醫生的母親帶來的目的是要幫助他入睡。我跟他來到醫院的大廳沙發上，他開頭問我的第一句話就是：「你知道我們現在就在天堂嗎？」

　　我回答：「我知道。」

　　之後我們聊了大約五十分鐘，話題都是圍繞著談身心靈的新時代思想上。她的母親坐在一旁一直流淚，我問她：「你還好嗎？」她說：「我終於找到一個人懂得我兒子在說什麼了。」

　　離開醫院的時候，我們互相擁抱了一下，我順便下了一個暗示語，我告訴他：「晚安，你今晚會有個好眠，我們明天見了。」

　　隔天早上九點我就接到他母親的電話，我很緊張以為發生什麼事。她告訴我，昨夜亞力山卓一覺到天亮，還因為打呼聲太大影響室友，所以被轉到廚房的臨時床舖。此後我開始了與亞力山卓的定時會面，他也開始接受精神科醫生的治療。原來的亞力山卓是高高瘦瘦的好看男孩，後來也因為服用精神科的藥物副作用下開始變胖，動作和思考顯然比以往遲鈍很多。亞力山卓覺得自己很自卑，他從第一流的大學畢業，卻不如其他同學找到一份很好的工作。

　　在一次催眠開始我問他：「現在你，手臂和兩條腿是如此的放鬆，如此的放鬆，身體也越來越沉，你的頭髮也放鬆了、臉部肌肉也放鬆，所以，當你呼氣的時候，你會把堆積在你的身上的、對你沒有益處的影

像、想法、念頭和經驗都把他們釋放到大氣裡頭吧。你會發現，當你這麼做的時候，你身體多餘的重量也會開始離開你，因為你知道，你不需要它們。是的，現在，你的眼睛會變的十分、十分沉重，所以即使等一下我要你把他們睜開來你都無法做到，因為他們是如此地沉重。」

接下來我確定亞力山卓的眼睛根本張不開之後，我就可以將我事先為他準備的正向暗示語植入他的潛意識。

接下來我暗示他到造成他目前這個挑戰的源頭去看看。

他把記憶拉回到兩年前家裡整修地基，地下室漏水。他說：「媽媽天天哭。」我問他：「你知道為什麼嗎？」他說：「房子的事拖了好幾個月都沒完成，媽媽每天還要上班。爸爸，很久都沒回來看我們了，我想他們的婚姻是完蛋啦！」

我問：「為什麼這麼說？」他說：「爸爸在香港還有個家，自從那個阿姨生孩子後，我爸爸就很少回來看我們。媽媽說他也不再供錢了，所以要我找一個工資多的工作，她說我這個工作根本養不活我自己。」

我暗示他：「你覺得呢？」

他說：「我恨我父親，也恨我母親，為什麼他們不把自己的婚姻管好呢？」我看見他在流淚。

我暗示他：「現在有沒有可以幫助你的更高的力量在身邊？」

夜亞力山卓安靜了一下下，突然他輕聲地說著話，但是我聽不清楚他在說什麼。

我問：「現在，你在哪裡？」

他說：「有一位道長在我身邊，他從哪裡來啊？奇怪。但是我覺得

他很親切，我很願意跟他說話。他告訴我，這是我自己的選擇。我的選擇？為什麼是我的選擇？」

我猜想到他現在進入了一個更高的智慧，就暗示他：「請你看清楚，也把所有對你有幫助的資料搜集起來。」

亞力山卓安靜了一下，但是他的眼球不斷地左右移動，彷彿在看很多東西。他的手以我看不懂的姿勢不斷地比劃著，甚至整個手臂都大幅度地動了起來。我覺得他比較像在揮劍或者做什麼中國功夫。我讓他自己來。

當他再說話的時候他好像又跳到另一個場景了：「我根本不會寫這個題目啊！」

我問他：「你在哪裡，你在寫什麼？」

他說：「在宿舍，我在準備工程數學的報告，很難，我根本不會啊！」

我問他：「有人可以幫助你嗎？」

他說：「亞力斯會幫我，我的作業都靠他幫我，否則我早就被退學了。」

我知道亞力山卓自從大學畢業之後工作並不像同班同學一樣好，做了幾個工作最後到了一家電台當助理，這大概是他最開心的一段時間，因為他一直很開心地跟我說他曾經有一次機會去採訪某位很有名的音樂家。收入雖然不多但這個工作卻是他最喜歡的。

我問：「亞力斯是誰？你們的關係如何？」

他立刻跳回去剛剛那一個場景：「亞力斯曾經是我道場裡的的師

兄，他現在是我的同學。我們一起考進去滑鐵盧大學，他家在溫哥華（亞力山卓家在多倫多）。」

特別說明：因為我們全程使用英語交談，當時亞力山卓說「亞力斯曾經是我道場的師兄」這句話用的是過去式，「他現在是我的同學」用的是現在式，但是為了中文表達的關係，我將它們稍微修改一下。也是因為他同時用了現在式和過去式，我立刻知道亞力山卓自己進去了前世。

我接著問：「這個道場在哪裡？這是什麼年代你知道嗎？可否描述一下現場的情景？」

亞力山卓接著形容他正在經驗的，他的眼珠子左右轉動，彷彿閉著眼在掃視四周。

他說，剛才出來跟他講話的老人是他們的道長，這是明朝的武當山，他們來這裡修行後就幾乎不再下山。這個道場的主殿很高，由懸樑上垂掛下一條一條長長的布。他們穿著灰色很多補丁的道袍。亞力斯是師兄，對他很照顧，他們的年紀很懸殊所以比較像父子的關係，亞力山卓處處跟著他、學習也是。

亞力山卓說：「我很喜歡這樣的環境，很平靜。每天讀經、練武、打坐。還有我很會彈奏一種弦樂器，很像揚琴，我還作曲。」

這個前世顯然跟他現在的人生很接近，難怪他現在鋼琴彈得這麼好還自己做曲。十二年級（高中三年級）就已經拿到演奏文憑，但是父母一直反對他走這條路，所以他最後申請到了機械系，然而他一點兒都不喜歡。我聽過他分享在YouTube的鋼琴演奏，很棒的曲子啊！

我問他：「剛才你的道長到底跟你說些什麼？」

亞力山卓回答：「他說，好吧！既然這是你的選擇，你就好好去經驗一番。我還知道，我在那一世是個孤兒，這個家是我自己選的，為的就是要經驗人世間的親情，我主要也要協助我母親，藉此幫助自己成為一個盡責的人。我要學的是『盡責』。所以我父親需要這麼早就離開我們。我跟母親都有一個功課，我們一起來互相幫助彼此，她和我的父親都是用他們的方式在愛我，雖然我不明白但是好像又知道為什麼了。道長解釋給我聽，我比較能夠接受。」我問：「你在這一世是否又遇見過這個道長？」

　　亞力山卓回答：「我覺得他好像我現在的指導教授李亞先生，我們的關係很好，我很喜歡他。」

　　這是很溫暖的事，我常常看見個案遇見前世的親人或者好朋友，就像我也再度遇見我前世的師父一樣。這種關係往往很容易在一見面就顯現出來。記得我第一次遇見我的前世師父時，我就感覺我們一定認識而且共事過，所以我跟他說的第一句話就是：「我們兩個一定認識對不對？而且不只是認識而已我們可能也共事過對不對？」

　　雖然結果是我們此生根本沒見過彼此而且一點交集也沒有，但是那種親切感確實是存在的。後來我們變成好朋友，我告訴他：「你的眼睛就像X光，時時刻刻都知道我想搞什麼鬼。我覺得你以前一定是我的老師或者是來治我的那個人。」

　　最後我也是在被陳勝英醫師催眠的時候才知道整個故事的緣由，我們在西藏，他是我的老師父。（這段故事即將完整地紀錄在我的下一本書關於前世今生催眠裡頭。）

我發現我們這一世的關係也很像以前，我很怕他，但是每次我在遭遇人生困境的時候，第一個希望諮商的對象也是我的這個前世的師父，我常常跟老天說：「謝謝你，又把我的師父送來我身邊幫助我。」

　　我讓亞力山卓留在那一世幾分鐘的時間，好好享受他喜歡的生活，並且把對現在有幫助的學習經驗和人際關係，也一併帶回來這一世。

　　在這之前我問他：「你那時候最喜歡做的事是什麼？對現在有幫助的嗎？」他回答：「打坐（靜心），我要去打坐了。」他靜默下來，幾乎看不見呼吸。

　　我放一段頌砵的音樂，同時我發現辦公室的蠟燭搖晃的很厲害，這裡面決定沒有風，只有空調而已。有一股檀香味淡淡地飄出來。

　　催眠結束之後我們對這一段前世討論了一下，對於他和亞力斯的情誼竟然這麼深厚，難怪這次他們還是很好的朋友，現在亞力斯也經常跟他聯絡鼓勵他。催眠時我見到亞力山卓的眼淚一直掉下來，我知道，那是一種很感動的淚。

　　亞力山卓還問我，「我剛剛聞到檀香味，你是不是有燒檀香？」我：「沒有啊。」這種現象在我的經驗裡不僅這一次。

　　他計畫要回去社區大學修習音樂，我鼓勵他繼續用音樂來幫助自己，因為賽斯說裡面也說過藝術和音樂是一股很大的動力（Aggression），我發現它們可以被用來作為安定精神的良藥。

　　我們一起工作了幾個月，尤其是每年的二月開始都是憂鬱症的高峰期，可能是因為北美一進入冬季後長時間日照不足，容易造成心情的起伏，亞力山卓會自己打電話給我約時間見面。

記得最後一次見到他的時候，我問他這些日子有什麼改變的可以跟我分享。他告訴我說，他在一個社區學院修習鋼琴演奏，因為有一位很有名的教授接受了他的申請，他好高興！他告訴我他是如何在那位教授結束上一堂課時他在走廊等他，請教授花五分鐘聽一聽他彈鋼琴。在教授面前他把許多不同曲風的的鋼琴曲彈給他聽，還有一段自己的作曲。這位教授當場答應讓他破例在已經停止招生時還接受他的申請函。

　　上學以外的其他的日子他就在一家公司的倉庫工作。中午有個休息時間他就每週至少三次到附近瑜珈教室運動。我看他的氣色和精神比起一年前的冬天明顯改善很多，體重也開始得到控制，他還是繼續服用醫師給他的藥物，再加上中醫針灸治療。

　　最後一次得到他的訊息是他透過臉書私訊給我，他說：「我開始步入正軌，音樂還是我的最愛，謝謝你的陪伴，那是我最珍貴的時間，我知道每個階段都是成長必經的。」

靜心時間：每天都是感恩節

　　記得有一天，我的氣功師父問我：「為何打坐？」

　　我回答：「打坐並非那個相才叫打坐，不是你離群索居、忍著腳酸，閉著眼盤腿坐在那裡，啥事都不做。打坐應該像印度大師奧修所形容的：『打坐發生在你生活的每一時、每一刻，打坐就是無時無刻都能覺察到自己的起心動念，打坐是一種對自己當下這一刻的覺知狀態。』」

　　我每天找一個時間，安靜下來打坐，堅持二十多年，這個打坐或者叫做靜心，可以是盤腿坐著、在樹林裡走路或者找個地方畫畫，目的是讓自己能夠在白天頭腦不斷快速轉動的當中，創造一個安靜的空間。當頭腦在不一樣的注意力狀態之下，就很容易能把工作或者生活上煩惱或不解的事沉澱下來，有機會創造一個新鮮的空間，讓那個比較有智慧的潛意識重新理解當下的自己正處在什麼狀態。

　　然而，當我習慣時時刻刻覺察自己的心到底在做什麼之後，就比較有智慧對眼前的問題下決定。所以，清醒時刻都盡量讓自己能夠比較有覺知，那麼就知道自己正在當下，而非在煩惱那個已經過去的昨日或虛幻的未來。當下，原來才是威力之點。

　　你可以打開計時器設定時間，建議先從每日七分鐘開始。每天堅持找一個固定的地方，最好是在自己最熟悉的地方，沒有人可以隨便走進來打擾到你的地方最好，把房門關上。音樂也不需要。

　　當你覺得哪一天你想坐多一點時間也沒關係，不過我建議從七分鐘慢慢增加，不要一下子坐很久，重點是你能堅持一段時間。

　　開始坐下來的時候，感覺自己現在在哪裡？想像有一道陽光像掃描機一樣，從頭到腳掃瞄全身然後問自己：

「我的身體還有哪些地方沒有放鬆下來？此刻的我，心情如何？是喜悅、是擔心或者什麼？就像第三者一般，看著那個自己。」

記得，心，一定要記得帶過來。

時間到了就打開眼睛回到清醒的世界。

·我的紀錄·

愛，永遠在場

事實上，在每一個方面，只要你願意，經由改變你
的信念，你就能改變你實相的經驗。

——賽斯書

在「與神對話錄」裡面有一句話說：「Your life has nothing to do with you. It is about everyone whose life you touch and how you touch it.」意思是，你如果要瞭解你這一生，只要看看你這一生所接觸到的人，以及你如何觸及他們的生命。

打從初中一年級我的表哥介紹我看過佛洛伊德大師的《夢的解析》，我就一頭栽進去這個無止盡的世界，從那時候開始我瘋狂似地大量閱讀關於潛意識、心理學、撲克牌算命和塔羅牌。這時候，我早已經將學校的教科書遠遠拋在腦後，直到大學好不容易考上文化大學中文系，我開始接觸到《易經》，這是一個更大的世界了，也可以說，如果有前世的話，我的一些記憶和經驗被重新打開，所以，我自然投入這個曾經十分熟悉的領域。也很感謝我的父母允許我自由發展並且自小就提供我豐盛的書籍、運動和旅行經驗，初三的年紀我就為了不去讀彰化女中，留在自己想要的私立精誠中學而鬧革命，從此他們就都沒有強迫我走他們認為正常的路。記得，我當年因為談戀愛心碎想出國讀書，父親可是把所有退休金都拿出來幫我。在出國那天他只告訴我：「文瑜，我不懂妳要讀的科系，但是，我希望你出國不只是讀書，更要將異國的語言和文化都學習起來。」他們對我的期望是對我最大的信任。

他們說每一個小孩子的靈魂在降臨之前都知道自己的計畫，他們會根據計畫選擇自己此生的父母，一如父母也會根據他們自己此生的人生計劃而選擇誰來當孩子，在賽斯書《個人與群體的本質》裡面提到，我們選擇了這意念之旅的身體、選擇父母家庭乃至文化與國家。我們的自由意志就為了處理信念，好依照我們的慾望選擇個人的實相，這些全部

都是一種禮物，也是喜悅，更是必要的責任。

年過半百之後，再回過頭去審視這一路上來的風景，原來是我選擇了我的父母，所以他們這一路也幫助我達成我的生命計劃。

為什麼我會來自一個傳統的台灣道教信仰的家庭，從小就學大人拜拜，那時，每當我望著菩薩，我會不斷地問菩薩：「如果你說你是神，那麼，我是誰？我從哪裡來？為何來這裡？」如果用《與神對話：神在說什麼》（*Conversation With God: What God Said*，作者尼爾·唐納·沃許，Neale Donald Walsch）的說法來解釋這一個現象就十分貼切，他說：

「我們的一生可能會經歷許多不一樣的事件，但是，當我們處在當下非常接近一個事件的這一個時刻，其實是我們是看不清楚它的全貌。

那就像是你眼前有一幅巨大的掛毯，而你把你的焦點放在其中一條織線上，那看似單調乏味的線怎樣也不會讓你聯想到，原來你如果有機會能夠站到一個距離來審視它，就會發現原來它是一幅美麗的掛毯。」

猶記得十二歲那年的夏天，我到台東外婆家，第一次雙手從表哥那兒接到一本厚厚的《夢的解析》，記得我將叛逆的青春期埋在心理學和玄學的世界，把聯考的壓力換成一本本跟學校無關，而且不知將把我帶向什麼未來的書本裡，當下看似不成功的聯考把我推進中文系裡《易經》的世界，後來為了逃離戀愛的傷心城我遠走美國，進入所謂正統心理學的殿堂，學習中我遊走過美國二十五個州，不小心在猶他州大峽谷一帶進入另一個彷彿似曾相識的時空，記得當時我站在一個印地安人遺跡的峽谷，開口第一句話就是：

「我好像來過這裡，我想，我、回、家、了！」那是一個十分震驚的記憶，我不會忘記。

　　在美國完成看似高深的學問之後，我終究又回到原點，我的出生地，我還是在問：「我是誰？我從哪裡來？為何來這裡？」原來再多的學校教育、再厚的教科書都無法解釋我生命的經驗，那麼，哪裡才找得到答案呢？那每一個生命中認識的人，無論是貴人、來挑戰我的人、幫助我的朋友、帶領我的老師、陪伴我一起走一段路的朋友、或者令人心痛的生死分離究竟是為什麼需要發生？我為何會跟認識一輩子，也「剛好」同年同月同日生的射手座結婚？如果人生的事件裡面有一百個所謂的「剛好」、「巧合」，那麼你可以說那是巧合。但是，如果有一千個呢？你還說是「巧合」嗎？

　　答案在哪裡？

　　還有，我的身體也是幫助我的老師。

　　高中時我那原來很健康的身體因為以前練田徑受傷而出現風濕疾病，我到處找名醫，開始接受各種正統和非正統的醫療；大四那一年的過敏到了後來變成花粉熱，讓我吃盡苦頭。直到西方醫學對我的花粉熱和嚴重的偏頭痛束手無策了。我開始走向一條自我療癒之路。

　　1993年那一年夏天我回到台灣的大學教書，當時才開始流行有茶藝館這個概念，所以有一個中午我就單獨坐在裡頭吃飯。那天，我第一次親眼看見大甲媽祖的隊伍從街上走過，看著一群非常虔誠的、三跪九叩的信徒，就從眼前慢慢移動，這時候我的眼淚竟然不聽使喚地一直流下來。

我心底有個聲音說：「回到你原來出生的地方吧，這裡有你此生要找的答案，所以，你才會選擇在這裡出生啊。」原來，有一些問題並非我們當今的學校能夠教我們的，目前正統的教科書根本無法給我們每一個問題的答案。那麼，答案會不會就在另一個不一樣的地方？

　　我喜歡愛因斯坦，他說：「我想知道神的計劃，其餘的都只是細節。」哈！

　　我常說，我是一個標準的射手座O型，所有我明天要知道的事，我昨天就一定要知道。所以，我選擇當催眠師。

　　一定要走過一段時間和距離，再度回首來時路，我終於能夠有機會瞥見這一巨幅掛毯的一角了，而不再只是盯著掛毯的某一條織線，感覺莫名其妙。

　　原來，在生命裡遇見的每一個令人心碎的、振奮的、感動的人，經歷的每一個事件、每一個生命的轉彎、每一次身體的病痛、每一次與朋友的相遇、深刻的對話、看似失敗的經驗，傷心的經驗，原來都是這掛毯的一條條不一樣顏色的織線。

　　為了完成這一世的計劃，一幅美麗的圖，它們都是必要存在的，而且，缺一不可。

　　然而，賽斯說過：你當下的信念改變了之後，過去的你也就被改變了。

　　催眠其實不是來改變過去已經發生的事，它卻可以幫助你，讓你有機會重新選擇另一個你看待過去事件的角度，如果我們生命中發生的每一件事其背後都有一個更高的原因，那麼它必定是一個學習的過程。在

你人生不同的年齡和經歷之後，我們得以對過去那個感覺自己是受害者的、無力感的事件做另一番體會，藉此可以找到新的、比較有力量的的解答。

　　催眠可以幫助一個人改變舊式的焦點，那個焦點對目前自身是沒有助益的，當下被催眠者可以選擇對焦在這個事件比較正向或者健康的本質，而非一直看見那個負面的地方。也許過去的生病是為了引導我們正視身體的呼喚，回到一個平衡的生活模式，而且不再把健康當作理所當然而是要珍惜健康。

　　把它變成能夠幫助我們成長和進化的動力，讓它把你變成你希望成為的那個自己。催眠更像是為你打開這道門，讓你重新去經歷一次過去看似無法改變的事件，然後有機會選擇一個對事件本身不一樣的詮釋。催眠創造了一個機會，藉由這個方法可以打開一條可行的途徑，讓我們得以重新審視過去的事件到底要告訴我們什麼？我們應該可以透過這個經驗學習到什麼？或者藉以改變自己的那一個部分。這就是事件發生的更高的理由。催眠創造一個機會讓我們得以成功完成此生的計劃。

個案：行走人間的天使

我永遠記得2015年的那個早春,春雪剛剛融化,加拿大雁都回來。我在YMCA運動完遇見丹尼爾,就陪他坐外頭的長凳等他父親開車來接他。

丹尼爾這時候已經是加拿大一個小有名氣的樂團的歌手,但是在成名的過程他同時也付出很大代價:戒毒後他的健康也受到影響了,他堅持用很多的運動讓自己回復健康,加上他的父親在拋棄他和他母親三十年後卻又再度回來,他們的的關係十分緊張。

他來見我一次,這位三十歲的大塊頭年輕人因為戒毒之後身體一直處在很激烈的狀態,上上下下的情緒波動,藉由催眠來平穩情緒,也確保戒毒能夠持續。其實,催眠的首要作用就是讓一個人放鬆、安靜下來,當然很容易就能幫助他很快地把精神和身體安定下來。

大部分的人都以為只要上床去睡覺就是放鬆,卻不知其實睡覺的時候都會因為沒有放鬆還處在緊張狀態而尿床、磨牙、做惡夢。每一個第一次接觸催眠的人一定都會感受到一股巨大的、由裡到外、身心完全放鬆的經驗,所以催眠和睡覺本來就是不一樣。

我的工作還要教丹尼爾如何自我催眠,不能每次遇到挑戰和壓力都要靠藥物、毒品、或者靠我來幫他放鬆。我們每個人幾乎無時無刻都在被催眠也在催眠別人,所以,一定要學習一個方法能夠不受外界影響,能控制住自己,包括情緒控制。這些都是透過催眠可以達成的。

平時我對每個來我辦公室的個案或者來聽我演講的人,一再地耐心的教導他如何練習自我催眠,美國國家催眠協會的催眠師訓練課程裡面,我認為最重要的章節就是自我催眠,因為你不可能時時刻刻都靠別

人幫助你，很多時候都需要用到自我催眠。例如建立一個良好的習慣、在緊張時能快速放鬆自己、心情低落時能把自己輕易地重新振作起來、身體有病痛時也可以靠自我催眠來減輕疼痛、健康也可以是透過自我催眠獲得。

原理是，我們每個人幾乎無時無刻都在自我催眠。君不見在我每日運動的YMCA，常常看見一些人十分好意地交換屬於健康的見解，例如只要我說今天膝蓋不舒服，這些好心人就會立刻建議你說：「進入更年期啦，每個人都會這樣啊。骨質酥鬆、膝關節不好、夜裡還會有熱潮上來，不是嗎？」我總是這麼回答：「這是你的實相吧？我也遇見一些朋友根本沒有經過你所謂的更年期症狀就直接跳過去啊，不是每個人都需要的吧？」在心底我就這麼反催眠自己：如果我需要經由更年期這些身體上的症狀而學習到什麼的話，那麼我就會有這些症狀；如果我並不需要學習這些的話，那麼我的身體也就不會產生這些症狀。

現在網路上的資訊暴漲，我們比以前更有機會接觸到許許多多關於健康的資訊，然而，讀者要十分小心地覺察自己是否也正在被這些訊息催眠了？當你的膝蓋第一次感覺不舒服的時候，就把自己對號入座，然後從仔細檢查身體地各種蛛絲馬跡裡將每一個現象歸納進一個疾病名詞。這樣一來你的身體一定也會十分忠誠地反映出你的內在的信念。

再回到個案丹尼爾，他還有一個重要議題，就是父子關係。原來拋棄他們離家三十年的父親這時卻從德國回來跟他們相聚，而他和母親也剛好需要靠父親即時的經濟支援，無可避免地他和父親之間常常發生激烈衝突。

我記得第一次見到他的爸爸是在我的辦公室，他給了我一個大大的擁抱和德國式的見面親吻，我問他：「我怎稱呼你？」他說：「妳也叫我Papa吧！」從此，我在運動的地方再遇見他，他一定都給我這樣的大擁抱和微笑，我就叫他Papa。

　　Papa在辦公室交給我錢時對我說：「這是辛苦錢，也要謝謝你的協助。」這就是我眼中的丹尼爾的Papa。

　　丹尼爾進來我辦公室的時候，那一本筆記本給我看，說：這是我長久以來第一次把心情寫下來，也是第一次全盤開始檢視我這三十多年的生命。

　　我告訴他：「丹尼爾，你真的好棒、很勇敢，不是每個人都願意這麼面對他的人生。讓我我們一起來找答案，看看我們可以做什麼。」開始後，我們先一起禱告，我的禱告詞是這樣的：

　　　　感謝丹尼爾的指導靈，允許我在此時前來協助他尋找生命的答案。
　　　　今天，我們邀請比我們更有智慧神前來協助我們。
　　　　請賜給我們勇氣，去改變我們可以改變的。
　　　　請賜給我們耐心，去接受我們無法改變的。
　　　　請再賜給我們智慧，去明辨其間的差異。
　　　　感謝！

　　我在催眠下引導丹尼爾回到小時候，重新以他現在的智慧去審視當

時的情況。他看見當時家裡為了賺錢，父親選擇接受軍隊的安排調到歐洲去幾年。當時母親跟兩個孩子留在加拿大。其中他的父母好像也沒發生什麼太大的誤會或衝突，也不是外遇的問題，久而久之經常不見面了他們倆就不再說話，也沒話說。母親一直認為他們已經被拋棄，因為後來父親也沒寄錢回來給他們，丹尼爾只記得他們的生活一直很辛苦。

我問他，能不能去看看那時候父親可能發生什麼事？

他直接跳到這一幕：「我的眼前有一封信，我猜是他。」

我：「這時候你多大？你看的懂信在說什麼嗎？」

他搖搖頭，用一股很稚氣的語氣說：「我太小啦，我看不懂啦。」

我引導他到母親在讀這一封信的時候去，我問：「雖然你看不懂，但是，他們說，小小孩都有新電感應的能力，你從母親的表情和心情，你一定可以感受到信的內容，試試看好嗎？」這時候我觀察到丹尼爾，他流淚了。

我：「這裡，有什麼我需要知道的嗎？」

丹尼爾：「我爸叫我媽再去找伴兒，他不回來了。我可以感受到他們並不是不愛對方，只是為了賺錢養家，我爸爸必須接受軍隊的安排調到歐洲去幾年。但是，他們聚少離多，大家的感情漸漸地也就變了。我很怕我爸，但是，我有希望他回來。我很矛盾。我不知道。離婚後媽媽終究沒有再嫁人，她很努力養活我們幾個孩子。爸爸偶爾給我寫信，或者寄一些照片給我。我們再見面的次數少得可憐，那時候我很叛逆，在家時，我的話不多。」

我輕聲地安慰他：「丹尼爾，你再仔細看看，信裡面可能沒有寫的

是什麼？為什麼爸爸叫媽媽再去找別人？我現在要請你把焦點放在你的右手小拇指，假裝你的眼睛閉著的時候，你還可以用你內在的眼睛看到。我會從一慢慢地數到五，你的焦點不要移開，看著你的小拇指，感覺它慢慢地彎曲，等我從一數到五的時候，你會到達一個很重要的場景，也許能夠解開一些跟你來的目的有關，但是你從來都不知道的事。好，現在，一，二，三，四，五，到了，請你立刻告訴我你現在在裡面還是外面？」

丹尼爾的眼珠子轉了一下，他揮一揮右手，好像在打開一件東西或者撥開簾子什麼的，我很好奇這時候他在做什麼？

我：「你在哪裡，裡面還是外面？你知道這是什麼地方嗎？能不能形容給我聽？」丹尼爾停了一下下，用一個小小的聲音說：「我在一個鄰居家的客廳，這裡比我家還要大得多，雖然都屬於同一個軍眷區，但是他家靠近一個大湖，後面有森林，我們家是在比較靠路口的位置旁邊有個警衛室，我跟警衛室的叔叔們都很熟，他們經常帶一些糖果餅乾送我。在這裡的每一棟房子都是白色的，有大一點的，也有小一點的屋子，我家就是小的屋子。」

我接著問：「你現在大概幾歲了，所以你看得見窗戶的外面？你身旁還有其他人嗎？」丹尼爾：「媽媽剛剛帶我上幼兒園不久，我的個頭兒比班上的同學都大。咦？好像有人在廚房裡說話。」

我：「去查查看誰在裡面說話，你認識嗎？」

丹尼爾搖搖頭說：「爸爸跟一位穿著軍服的叔叔在裡面談話，我猜這間屋子大概就是他家。他們在進去廚房之前，叔叔說我是個好男孩，

所以讓我一個人留在客廳玩一輛紅色的小消防車，我很喜歡。還有一架綠色的小戰鬥機，都不是電動的，但是很好玩。對了，他也給了我一支霜淇淋。現在，我想上廁所了，（他沒說話，我以為他真的想要上廁所呢，所以準備讓他眼睛睜開了先去上廁所再繼續催眠。但是，丹尼爾繼續說話。）我站起來找爸爸。我看見進去廚房的門上有一條很長的簾子，是塑膠珠子串成的，我曾在電視上見過這種東西很漂亮。我不能看到他們但是能聽見他們的對話。」我看見丹尼爾的眼睛有眼淚流下來。

我：「丹尼爾，你感覺到什麼嗎？可以跟我說嗎？」

他告訴我，原來爸爸在歐洲參軍那一段時間曾在演習時因為同袍的小兵不小心引爆了其中一枚地雷，導致丹尼爾的父親嚴重受傷，因此留在當地醫院近一年半才出院。一開始的時候他們都以為他的眼睛可能會瞎了，而且身體的傷很嚴重，不能確定他將來會不會完全復原，所以軍方應丹尼爾父親的要求不跟他的母親告知這次受傷的事。

相反的，丹尼爾的母親才會收到一封信叫她再另外找個歸宿，原來這封信就是在廚房裡跟父親講話的這位叔叔代為書寫的。此後丹尼爾的父親留在歐洲很多年，試著讓身體完全康復，後來很幸運地視力也逐漸恢復不少。但是，他以為丹尼爾的母親改嫁，因為她搬家之後就無法聯繫上。

丹尼爾：「原來，我的父母都很辛苦。」

我：「丹尼爾，每一件事的發生其背後一定都有一個更高的原因，雖然有時候我們還不能瞭解。所以，為什麼你需要接受這種挑戰呢？因為這個事件，你要學習什麼？如果你的人生從未有過這場挑戰，可能有

什麼你永遠都不會知道或者學會的呢？你的人格有從中受益什麼？現在請你那個更有智慧的你把答案送上來好嗎？我給你幾分鐘的時間，你會聽到不一樣的音樂，當你一聽見不一樣的音樂時，就請你的潛意識開始運作起來，好嗎？等你的眼睛再度張開來之後，你會記得所有應該知道的細節，甚至會更多。現在開始。」我做了一個暗示動作，令他進入更深層的休息狀態，並且換了一個新的背景音樂，然後就靜靜地坐在椅子上，等待。

我會等到什麼呢？其實我也不知道，但是，我相信。

一段時間過去了，我也觀察到有一段時間丹尼爾的眼睛似乎有很多眼淚流下來。

我同時暗示他，等一下結束之後他將會非常清醒過來，感覺好像休息了一段很長很長的時間，整個人會感覺非常清醒、非常有活力，而這是他的身體現在需要的。

我給他的後暗示就是當他走回去候診室並且看見他爸爸時，會想給爸爸一個大大的擁抱，並且告訴他：「爸爸，我愛你。」他會覺得仿佛有個人把他的肩膀上什麼很重的東西拿走，雖然他也不知道發生什麼事，但是他就是會感覺很輕鬆、很喜悅。並且他將持續帶著這樣的心情回到醒時的世界，讓他感覺更有活力。

最後我慢慢由一數到十之後，讓他深呼吸一口氣，讓身體完全清醒過來。

丹尼爾的眼睛一張開來就說了一聲：「哇！原來如此！」

我：「你發現了什麼嗎？」

丹尼爾：「在你數數讓我清醒過來之前，我好像看見自己在一個森林裡面跑，一直跑。跑到山邊的懸崖峭壁旁，我看見山下的一個部落可能是被敵人放火，燃燒了兩天兩夜，我的眼淚一直流一直流，我想那應該是我的家。我是個北美印地安人，居住在現在的明尼蘇達州那一帶。我很年輕，大約之後十七、八歲。我被我們的酋長送到外面去接受訓練，每一個可能接任他的職位的人都要經過這一關。但是，當我再度回到家以前他們全都被別族的敵人消滅了。他們把我的愛人也抓走，我從來都沒再看過她。所以，我很難過。

　　我那時候不夠強壯到能夠保護我所愛的人，後來我好像是自責而鬱鬱寡歡直到我死掉，那是前世嗎？他們幾乎是那麼地真實，我就像在現場。」

　　我：「你認為呢，那是你看見的，只有你能做決定，為什麼你會需要知道這些事。」

　　丹尼爾：「我感覺自己好像已經知道為什麼我又來了，我要學習讓自己變得很獨立很堅強，我要能保護我所愛的人。」

　　我：「那麼，這有跟你的父親有什麼關係呢？」

　　丹尼爾：「他的離開讓我變得很堅強很獨立吧，比起我其他的朋友，我的確是這樣的啊。如果爸爸一直在我的身旁，我想我一定不會變成現在這樣。」

　　我：「那麼，吸毒這件事呢？你怎說，對你有什麼好處？」

　　丹尼爾：「上一世我覺得很無能，我就這麼帶著愧疚的心死去，我從來沒有試著去改變，我指的是上一世。這跟我吸毒後醒過來時的感覺

很類似。但是，我知道，我現在不需要了。」

我在丹尼爾醒過來之前對他的潛意識下了一個指令：「請把所有過去你經驗過、你需要的，但是現在已經不能再提供你什麼養分的經驗、感覺或者想法通通留在過去，不要再帶回來了。只把正向的、對你有益的新的想法、念頭、記憶、影像或者信念記起來，所以將來他們會在需要的時候主動和快速地出來幫助你。」

丹尼爾醒過來後臉色很紅潤，跟先前進來的彷彿兩個人。他笑得很開心。

我：「什麼事令你這麼開心呢？」

丹尼爾：「我知道啦。我知道，我知道，我知道！我以後再告訴你。我知道從現在開始我應該做什麼來改變這一切。」

催眠之後，丹尼爾又回去跟著樂團做巡迴演唱，有一個雪融後的春天我們在YMCA運動結束碰面了，我們就坐在戶外的長凳上聊天。

我：「近來好嗎？」

他跟我做了一個手勢表示不怎樣，說：「我爸」。

我跟丹尼爾分享了一個我聽來的的故事：《小靈魂》。

　　從前有一群靈魂，他們在完成一次地球的旅程之後全部回到神的身邊坐下來，討論各自的學習。

　　其中有一個高的靈魂舉手問神：「神啊，我還沒練習過『原諒』這個課題呢！」

　　神皺起眉頭：「根本沒有人需要你原諒他，你要如何練習

『原諒』這個課題呢？」

這時候有一個小的聲音冒出來：「我我我，我可以陪他去練習啊。」

這個高個兒靈魂很不解地問這小靈魂：「你確定嗎？那就表示你將要做一件很糟糕的事來讓我原諒你。你真的要幫我嗎？為什麼？」

小靈魂：「啊，你記得嗎，我們曾經有一世同時在地球上，那次你幫過我，所以這次換我來幫你啊。」

高個兒靈魂：「好吧，那麼，既然你幫助我，那麼我可以做什麼來報答你嗎？」

小靈魂說：「我只要你為我做一件事，那就是當我們都到了地球，而你非常非常生氣我的時候，請你一定要記得，我們原來都是從哪裡來的。」

丹尼爾聽完故事，淚光此時就在他的眼裡閃爍。

他遠遠地望著坐在車裡等候的父親，問我：「所以，他是小靈魂？」我把手放在丹尼爾的手背上，我們久久不發一語。溫暖的陽光此時正照著我們。

一年之後我又在YMCA看見他，這時候我簡直認不出來，因為他整整瘦了十公斤，好看極了。我主動走過去跟丹尼爾打招呼，他看見我顯然很高興。

我：「近來好嗎？」

丹尼爾：「我覺得自己以前太沉重了，所以改變飲食加上持續的運動之後，人也變得輕鬆許多。當然以前的事還得花時間去「修理一番」，不能夠逃避的。」

　　我：「以前是『必須』去承擔，現在是『選擇』去承擔，有什麼不一樣？」

　　丹尼爾：「現在是『我選擇去承擔』，所以感覺自己比較有力量，一切操之在己，跟以前那種受害者的感覺是不一樣的。」後來他問我說：「Sunny，我正在經歷一個艱難的決定，你現在能夠跟我一起禱告嗎？」我們就站在很多人在運動的地方，把眼睛閉上一起祈禱。

　　最後我說：「請神賜給我們勇氣去改變我們能夠改變的，給我們耐心去接受我們無法改變的，請再給我們智慧去明辨其間的差異。請允許對我不再有助益的那些關係離開我，我也願意釋放它們。」

　　我看見眼淚從他的眼角流下，就在很多人運動的地方，我們兩個彷彿從人群被完全隔離開來，我安靜地陪著他，良久。

　　最後，我們相互道別時他說：「Sunny，謝謝你來到我的生命。」

　　我：「謝謝你，鏡子。」我也看見自己。

個案：療癒者觸動的是他人的靈魂

望著你的眼，我看見你的心。

當眼淚從你的眼睛緩緩流下，

我讀到一個堅強靈魂的故事。

　　我有個亞斯伯格症年輕個案，十四歲，從小很喜歡畫畫，她的畫具有強烈的神祕感，技巧一點兒都不輸給大人。她最擅長的就是人物的臉，尤其是眼睛。我問她，為什麼花那麼多時間畫眼睛？她告訴我：「我要把他的生命從這裡全部畫出來。」

　　我不會畫人，但是，我會看人的眼睛。

　　另外還有一個個案——「珍」。

　　記得某一個下雪的早晨我在YMCA的例行運動結束，坐下來喝一杯咖啡時，珍過來了。

　　我說：「珍，很多天沒見到你啦。」她說：「我今天心情很亂，又遲到了所以沒有進去瑜伽教室。」接著她開始抱怨：「孩子今天上學也遲到，我的瑜伽課也遲到，常常都這樣，我明明希望能夠不遲到啊。Sunny，怎辦？」我直視著她的眼睛說：「你要我說風涼話還是真話？」她說：「我當然希望那個我認識的Sunny說真心話，幫助我。」我說：「經常遲到的人也是不珍惜自己的時間的人。」她說：「我怎會不珍惜自己啊？我的生活上經常在一大堆事件裡頭忙來忙去，常常都沒有達到目標。最近我的公司請來的助理也很混，不準時上班，也不好好幫我看店，到目前為止我的新公司已經虧損很多錢了。我昨天還幫孩子做了棉花糖，看！我還想再生個雙胞胎，可是一直無法如願，這到底跟珍惜自

己，還有我的遲到有什麼關係嗎？」

關於愛自己這件事，我是這麼解讀的：

珍惜自己的意思是：在每天滿滿的行程裡，有三種事一定要分清楚：最重要、必須做的；不太重要，但是必須完成的；不重要不必立刻去做的。

你如何安排這三種事？

還有，例如：你很喜歡幫助朋友，經常讓他們心情不好的時候跟你倒垃圾抱怨，你也真心地試著要去幫助他們，不僅花時間聽他們抱怨也為他們跑跑腿，但是，你是不是也會發現有一些朋友，你認識了很多年，他們經常抱怨的都是一樣的問題，他們根本沒有改變，你也沒有真的幫助他們什麼。這時候，你會不會喊停？

我跟她分享關於我認識的朋友當中有幾個，十多年來抱怨的問題都不外乎是他們的親子問題、她的婆媳問題或者健康又出了什麼狀況。我總是花一個又一個小時在電話中傾聽他們、一個又一個小時陪著他們講話、散心。

我跟這些朋友說，我帶領一個賽斯讀書會，每週花掉大半天在這個成長團體。然而，十一年了，他們從來沒來參加過。

他們偶爾還是會問我：「有沒有機會我們一起去吃個飯？喝咖啡？」我去參加太極課、中醫養生、瑜伽課、氣功課、畫畫的時候，我都會問一些朋友：「你有沒有興趣跟我一起去報名？」答案永遠是：我沒時間，太遠，如何如何如何。

至今，我觀察到他們的生命軌跡，似乎沒有太多的改變。但是，我

改變了。我告訴自己，我不是他們的貴人，我無法幫助他們的生命轉彎。我寧可把時間花在願意接受我的幫助，也願意幫助自己改變的人身上。我不再常出去吃飯或者喝咖啡了，原來，有些人需要的是一個垃圾桶而已。我學會了珍惜自己，珍惜自己的時間和精力。以前有人告訴過我：「當你學會珍惜自己以後，別人才會珍惜你。當你學會愛自己了，你才真正知道如何愛別人。」愛自己和自私是不一樣的。

愛自己不會傷害別人，愛自己是學會什麼是重要的和不重要的，愛自己是學會當自己變得健康了，才能跟別人分享如何健康。當自己的人生安定下來後，才能跟他人分享心得、幫助他人。一個不快樂的醫生如何能醫你的憂鬱症？一個不健康的醫生又如何證明他開的處方真的能讓你健康。

在YMCA與珍的一段對話，我永遠忘不了，她的回答是：「我不要那個一天到晚遲到，老在被事情追著跑，老在聽員工抱怨，老在責罵員工的我。」

我對珍說：「現在，請你看著我的眼睛，跟著我唸以下這個句子：

我，愛和接受，現在的我。

她慢慢地，很困難地一個字一個字說：「我，愛和接受現在的我。」她望著我，淚水一下子湧現在眼眶裡。

我說：「不要把那個你不喜歡的你拋棄或隔絕掉；不要不認那個你為你親生的，因為那也是你的一部分啊。如果，你把那個你認為不好

的、負面的、扭曲的、壞的、不及格的版本通通隔絕、不承認了，那麼，你還是你嗎？你如何能合一？我們說的『合一』就是要去接受每一個面向的自己，一如賽斯書裡一再強調的：這裡其實沒有好和壞、沒有對錯、高或低、沒有比較成功的或失敗的，一切都只是：經驗過、創造過、學習過、體驗過。我們不都是要來這裡豐盛我們的靈魂，進化我們的靈魂嗎？」珍說：「Sunny，你真的好棒，我可以抱你一下嗎？」我們給了彼此一個大大的擁抱，後來她笑了，我們都開心地笑了。

我這麼告訴我的朋友們：感謝上天安排你和我同時來到這裡，所以，我們這一生能同行、相伴，走過一段路。謝謝你。

靜心時間：跟自己在一起

　　找一個安靜的地方，坐下來，你也可以放一段沒有人聲的、輕鬆安靜的音樂坐下來或者躺下來的時候，看著自己的呼吸，然後問自己：「我今天感覺如何？我現在的呼吸如何？」看著自己的呼吸，不要幫忙，只是感覺你自己在呼吸，就像在看另外一個人一樣，不要幫忙。

　　有時候你可能會覺察自己停止呼吸了，那是什麼時候？

　　好，再回來。

　　問自己：「我今天感覺如何？」現在，想像自己安靜地站在一個很大的、很美麗的湖邊，也許是你見到過或想像到的最美麗的湖泊。

　　請假裝自己正在往湖裡丟石頭，記得嗎？就像小時候一樣。

　　當你吐氣的同時，就對著湖中心丟一顆石頭，看著湖面上產生的水波，一圈又一圈，一直往外輻射出去，很大很大的水波。

　　接著吸氣。

　　吐氣時再丟一顆石頭下去，看著水波一圈又一圈往外擴散開來。

　　就這樣，我會從一數到十，你就不停地往湖裡丟石頭。

　　每丟下去一顆石頭你都會感覺身體比剛剛更加的輕鬆。

　　現在，一……二……三……四……五……六……七……八……九……十……再來一次，一……二……三……四……五……六……七……八……九……十……。很好，現在是不是感覺比剛才輕鬆許多了？

　　等一下就要把眼睛睜開結束這次的靜心時間，在睜開眼睛以前我們一起做三次深呼吸。

　　吸氣，慢慢地吐氣的同時，相信你把剛才那種平靜的能量也分享給周圍正在需要這股能量的家人或者朋友。

再度吸氣，吐氣的時候把這股平靜的力量帶回給自己，並且感謝那個一直很努力的自己。

　　第三次吸氣，慢慢地吐氣。感謝這美好的一天，感謝自己有一個安全的環境、能夠享受這個特別的時光。

　　謝謝你允許我來帶領你。

· 我的紀錄 ·

與陰影合一

當人認識到是他自己用具體的形式創造了他個人的
和世界的環境時，他就能開始創造比現在這個由偶然和
無明所構造的更為優良的個人的和世界的環境。這就是
我們帶給這個世界的主要訊息，這也正是人類觀念發展
的下一條路線。如果催眠師與對象都接受這個原因的
話，那麼在那個層面就會有進步。

——賽斯書

佛教說：人有八識田，其中眼、耳、鼻、舌、身、意識會跟著我們的肉體生滅的，永遠不可滅的是末那識和阿賴耶識，阿賴耶識也叫做種子識，因為，每個靈魂所經驗過的都存在這裡，這也是影響我們現在的最根源的地方。

布魯士利普頓醫生（Dr. Bruce Lipton）在他的研究裡就提到類似的概念，他說潛意識像是冰山沒入海裡的底層，它佔有整座冰山的百分之九十以上。在這裡儲存所有這個人這一生經歷過的每一個經驗，這些經驗在後來全都被收藏在這裡就像電腦的母程式，並且控制著我們一個人百分之八十五以上的行為。例如：第一次學騎腳踏車時我們用的是意識心發動身體每一個肌肉、眼睛和觀察力在學習，然而，當我們學會一項技能之後，它就被存放到潛意識，以後就是由潛意識來操作。就像我可以一邊開車一邊跟人講話一樣，其實是我的潛意識在開車的，而不是意識心。

要解釋催眠是什麼？催眠是個「道」，是一種現象，所以怎能夠用一定的文字來解釋一種百般萬變的現象？老子早就說過：「道可道，非常道。」我只能以我目前為止對它的理解和經驗來分享給大家。我常常說，這就像是瞎子摸象，今天我可能是摸到四條腿，我就說：它像是四根很巨大的柱子。等到幾年後我可能會摸到大象的肚子，那時候我會再修正我現在的答案。

台灣最權威的催眠研究陳勝英醫師這麼定義催眠，他說催眠不是睡眠，人在催眠中，意識是清醒的，甚至於比醒著時更為靈敏。醫療上的催眠，會讓一個人醒過來後仍然可以把整個過程記得一清二楚，這與舞

台上作秀的催眠不同。所以，有人在醒過來後有可能會不懂得這微妙的道理，以為可以記得催眠中的大小情節，而懷疑自己好像沒有被催眠。催眠中的精神活動是潛意識的活動，一旦有意識狀態摻雜進去，潛意識活動立刻停止，就會看不到或是看不準確。所以在催眠中切記不要帶進自己的思考、判斷、好奇、急著要去看到或是患得患失等意識活動。正確的做法是不論看到、感覺到、感應到任何景象，都順其自然地讓他們出現，並敘述出來。切記！不要去發問說：這怎麼有可能？判定說這好像只是自己的想像！懷疑自己是不是在催眠裡？或是不斷地在評論或做結論。開始做催眠時，也許得做點想像。想像是進入催眠之鄉的一種交通工具，利用想像就使一個人比較容易進入催眠去接觸到潛意識的資料。一旦潛意識資料被打開，想像就會立刻被丟開，讓潛意識紀錄連綿不絕地顯現出來。

在我最近的一場演講：「從量子力學談前世今生」，有朋友對我提出許多科學上的問題，尤其是關於時空理論的問題，對我而言實在很難回答，但我還是試著用非科學家的身分來說說吧！

有人問我說，他從我的老師也就是精神科魏斯醫生寫的書裡讀到關於催眠的故事，感覺就是對過去事件的一些印證，從而證明前生來世的科學性，這不就是時間順序嗎？催眠的事件的確需要透過時間的先後順序來陳述事件的發生順序，否則我們根本無法看懂他在說什麼。時間和空間的同時存在是透過整體事件的檢視才能看出來的。例如：我1998年被陳勝英醫生催眠時試著要解決我的嚴重偏頭痛和花粉熱的問題，催眠下發現一個是發生在過去，一個是發生在未來。這個未來是我的花粉

熱，因為我未來需要走到現在這裡：變成催眠師。所以，在過去我必須得到花粉熱，這樣我才會一步一步往另類治療的路走，接受陳醫生的催眠，而在親身體驗催眠以前我就是一定要在高三的時候讀到我現在的老師：布萊恩‧魏斯醫生關於催眠的書來準備自己。當我理解並且接受了我的目的之後，我的花粉熱也就不藥而癒，因為它只是一個引子，不是結果。這就是時空同時存在的例子。

　　有一位科學家朋友代替我這樣回答：「量子理論從時空建模上，一反人們長期將時間作為自變量的思維模式，認為不僅時空隨時間而變，時間也可雖空間而變，從而可將時間定義為一個與空間維度平等的（而不是超越的）第四維度。這其實是相對論的一個自然延伸。宇宙天體，離地球動輒數億光年，被我們觀測到時，其實是我們遠古時它的型態。而我們的現在，相對於這個被觀測到的型態，則是遙遠的將來。這也可算是時間因空間而變的一例。時間也可以被看作因變量。」這個對時空的科學解釋也是我從事催眠師所遭遇最挑戰的認知之一，我還在不斷地從催眠實務中體會什麼叫做時間和空間是虛幻的、只存在三度空間的這種想法。

　　2016年我在台灣大學給心理系師生作一場講演，探討「夢的解析在催眠上的應用」在當場集體催眠一百多個人，也當眾做一次個別催眠。我知道這已經是很挑戰大部分人的認知，但我希望能在年輕學子的心田種下一顆種子，讓他們在未來的研究能夠更打開心胸來看待一些雖然看不見、摸不著、也可能無法重覆、但是存在的事實。幾年後接到當時在現場的一些大學生告訴我，他們現在在一起的時候還會談到那一晚演講

的事。

　　這就對了！我希望給年輕學子留下一點可以思考、值得爭辯和一探究竟的回憶，他們在未來在研究上能夠更接近真理。

　　催眠是一種現象，也許我無法以科學的角度來解釋催眠現象，然而，我的責任是，以一個十分謹慎而中立的角度來紀錄整個事件，所以，希冀未來有一天我們的科學家能夠提出一個更接近科學的解說。這條路很孤單，但是我堅持走下去。

　　我對於催眠的的一個靈感起於2016年我在導讀賽斯書《心靈的本質》：

　　「我們自己的欲望、焦點和目的，決定我們從可用的無盡知識領域裡汲取何種內在資料。」

　　「我們任何人都能對此種『額外的』資料調準頻率。但是我們將依自己的欲望和意圖而得到它。……內在資料常來到我們的心智裡，但是它經過我們個人的心靈過濾，而為我們自己的生活所染，以致於我們往往根本沒認出它的來源。有時這發生在夢中或靈感裡。例如，發明家也許從未來收到某個概念，考古學家也許因為自過去收到資料而有所發現。」

　　「因為我們內在的知識通常與我們目前所關心的事非常相合，以致我們鮮少認出它的來源。」賽斯認為，在進化的變化裡必然涉及預知，因此各種物類才能在現在為了將來必須的那些改變預做準備。

　　原來我們早就在生活的細節裡接收到許多關於內在傳來的資訊，而鮮少認出他們的出處。

記得1998年，我回到台灣工作一陣子，直到現在才終於認出來，當時發生的事件在我整個人生的大圖裡扮演著什麼角色？現在，回想當時的我在婚後因為不孕症，先辭掉在大學的教職、賣掉一個語言學校，然後到香港為先生的公司工作，成立一個貿易公司，然後發現自己懷孕了。

　　第一個和第二個孩子分別在三年間生下來之後，我當了六年的家庭主婦，期間情緒開始走下坡，因為我並不喜歡那時候的自己。孩子很小、生活不安定，因為先生的工作關係我們母子得在加拿大和亞洲之間不斷地飛來飛去、每天早晨醒過來我一定要先自問：「我現在在哪裡？」等確定知道自己身在何處才能安心。

　　想當年我常常不知道家在何處？後來當了太久家庭主婦失去自信心、不知道自己的未來在哪裡？婚姻也陷入一個很不快樂的狀態，跟婆婆的相處始終是一個極大的挑戰，當時我的生理上產生很多疾病常常需要看醫生，醫生們是都束手無策。

　　還記得有一天午後我跟大學同學儀在講電話，她說：「文瑜，你剛才說到你的那些生活經驗跟我在一本書上讀到的好像哦！」

　　哇！怎可能這世界上有兩個人的生活經驗是一樣的？

　　我於是跟著《聖境預言書》的作者James Redfield開啟了一段心靈之旅。（註：《聖境預言書》，原文名稱：The Celestine Prophecy，語言：繁體中文。出版社：遠流，作者：James Redfield）

　　為了治療長年嚴重的偏頭痛和高中就開始的類風濕性關節炎以及花粉熱，也是在西醫都束手無策的情況下，我讀完陳勝英醫師的幾本催眠

的書籍後就從加拿大跟他聯絡，回到台灣接受他連續三次、一共九個小時的催眠。

　　回到加拿大之後首先改變的是偏頭痛的問題，我從被催眠後就不再會痛得坐在廁所狂吐三小時了，幾年來我都是帶著一顆三角形的止痛劑。直至2005年在一個因緣際會下開始研讀賽斯書，才開始把過去每一片拼圖給拼湊起來。

　　其中，為什麼初中一年級的暑假我到台東外婆家，表哥把一本佛洛伊德《夢的解析》丟給我看，從此為我開啟一條很重要的路。當時表哥還教我玩撲克牌算命，這也是為我打開一扇門。從此之後，高、初中六年我都利用在彰化通勤期間，站在火車站前的那家書局裡頭大量閱讀像是日本多湖輝教授的潛意識介紹、占星術、星座學、和血型學。後來進入大學中文系我接觸了《易經》，1989年我在美國威斯康辛大學的碩士班進入正統心理學領域，並且有系統地大量研讀心理學和玄學的知識，這樣的日子直到2005年遇見賽斯書，第一次把所有的資料開始做有系統的理解和整理，也是第一次讓我對於我這個不算長的人生經歷，開始有更深刻的理解。

　　那一年我三十九歲，我開始認識了：我是誰？我從哪裡來？我來這裡的目的以及我為何選擇這樣的原生家庭以及遇見所有的人生事件？

　　我變得開心而且慢慢地我的身體回到健康狀態，我不再到處看醫生，因為我的問題不在身體，是在我的心。

　　如果說，我的內在其實是知道我未來的藍圖，所以，在我三十九歲的這一年之前，它早已經為我未來需的轉變開始做準備，所以，它讓一

個很固執的、原來是子不語怪力亂神的我，以生理的疾病把我帶領到一個很不一樣的方向，轉了一個大彎，創造了現在的我。

很多時候，也許我們是需要走一大段路之後才能看得清楚以前的足跡吧。

有天夜裡我仰頭望著一片無雲的天空，此時的北美有難得一見的月全蝕，我仔細看著地球的陰影逐漸籠罩月球的表面。心想：「啊！住在地球的我從來沒仔細想過地球本身，直到見了它的影子才深刻感覺它的存在。」

看著陰影的形狀，我開始無邊界地想像地球的全貌。原來，陰影也是地球的一部分。陰影也像每一個人終其一生努力要克服的那個我們稱謂的「缺點」、「不圓滿」、「不夠好」、「我還可以做什麼」、「壓抑自己的夢想」、「我是多餘的」、「生病」的部分。

來找我的人一般都會告訴我，他們的人生如何遇人不淑，不是家庭暴力、婆媳不合、親子溝通不良、就是夫妻貌合神離，外遇連連，還有人的婚姻一直被被第三者介入，也有人一直是當別人婚姻的第三者。有人告訴我他有志難伸、諸事不順，有工作的不斷換工作，沒工作的永遠遇不到伯樂、遇到的主管永遠不懂自己、領的薪水永遠不配自己的努力。

有人抱怨自己的父母沒錢給他讀書，有人抱怨父母逼自己去讀不喜歡的科系，導致現在一事無成。有人堅持父母破碎的婚姻，影響自己現在的婚姻或者親密關係混亂。有人告訴我，因為父母的重男輕女所以現在他無法健康面地對自己的婚姻和親子關係。彷彿所有的錯都是他人，

他，為什麼不改？

就好像我有一個十歲的個案對我說，因為上課時同學太吵了，以至他必須動手揍對方，最後換來被老師處罰。種種的理由都十分有力，也令人感同身受，很多人會說：「如果，如果，如果那個事件可以被更改一下、如果我不是生在這個家庭、如果我不是遇到誰、如果誰誰誰可以不再這樣，那麼自己的過去和未來也都會改變，而且變的更好，更理想。」真的是這樣嗎？

因為這些「缺點」、「生病」、和「不圓滿」所以他們都先對生命投降。

也還有一些人傾向於自我批判、壓抑自我以為他人完成目標為己志，把自我價值觀建立在他人對自己的評鑑上，尤其是女性們。這就好像是用自身的力量反過來攻擊自己。

當我有第一個小孩時，有人告訴我：「如果你不知道如何愛自己，你根本不知道要如何愛你的孩子。」當時，我心裡想：怎可能啊？我怎會不知道如何愛他，他是我的小孩。

後來，我整整為了這個學習走了二十多年的路。

我很喜歡賽斯說的一句話：「如果每個人都能夠把他自己眼前的事做好，那麼，這個世界就已經在拯救它自己了。」

讓我們先把力量拿回來，下決心回來先接受現在的自己，把對自我的批判與接受那個真實的自我，在當下才有機會可以執行你的夢想讓希望成真，活出真實的自我、原版的你。

在許多文化裡女性往往背負著就傳統的期望和規範，她們常常認為

自己不夠好、不是家人最期望的（尤其是重男輕女的家庭）、不是最優秀的、最漂亮、或身上哪裡不夠大、或者不夠瘦。總是會有一大堆價值觀無意或者有意被套在身上。其實，把「接受自己」的概念植入一個人絕對比真實去執行它還要容易。接受自己是一層一層像洋蔥一樣把自己撥開，然後一一把它接納為自我的一部分，如果有任何不適用於現在的就允許它離開。

很多時候很多人都會選擇去做「我應該做的」但是卻發現自己很不快樂，一旦允許舊有的那個「我應該是誰誰誰」的概念開始鬆動之後，能夠開始接受現在的自己、學會愛那個自己，你會發現你把力量拿回來了，你開始能夠再度思考：「我希望創造自己什麼樣的人生？」、「我希望把自己變成怎樣的人？」就會有機會再重新選擇了。

我是老二，上有姐姐下有弟弟各一，從小家人會開玩笑說：我是多餘的。考高中的時候爺爺說：「女孩子去考師專當老師就好，不必上大學。」我還常常聽見大人說：「我們家是豬不大，大了狗。」是指家裡最會讀書的竟然是這個老二，而不是那唯一的男孩。

我出生的時候由於不明原因的疾病導致呼吸有問題，家人供不了昂貴的保溫箱醫療費用於是在祖父母的要求下放棄救治。結果是後獲得貴人相助才活下來。

我從小到大一直很努力，也幸虧很早就西化、有讀書的父母排除萬難、用有限的資源讓我上大學、供我出國留學完成高等學位。

記得我五十歲時回家帶母親去城裡一家日貨超級市場採買，順道為父親買了他最愛的、但是也不捨得買的生魚片便當。回家後母親對父親

說：「你看你女兒為你買的，瞧！還好不枉費當年救她吧！」我的心裡突然一陣心酸。

那一年我受邀在台北市律師公會和中正大學做一次司法催眠的講座，之後又在台灣大學做講座。在回加拿大那天父親對我說：「你表現得很好！」

我，幾乎落淚。

原來五十年來一直督促我的竟然是這股力量：我希望成為他們眼中的好孩子、有用的孩子。那麼，現在我得到了認可之後再過來呢？我是不是應該為自己活了？

這是很深很深的感觸，在個人成長的旅途，我們都在有形和無形中自己把一些包袱和期望背著，我們也許不太清楚這一路為何要承受這樣的壓力，所以會有憤怒、遺憾、抱怨、放棄、或者生病。

現在有機會回來做那個原版的自己吧。

個案：晶晶在找媽媽

　　晶晶是個蛋糕裝飾師，二十多年來她一直在找那個在她五歲時就生病往生的母親。

　　在學校，她是個學霸。但是她跟很多異性朋友的行為又讓她的父親傷透腦筋。她到處旅行、打工原因就是要離開台灣。開始的時候她自己也說不上到底為什麼，直到我們在催眠前的談話，我慢慢帶著她接近自己的問題所在然後再進入催眠。

　　晶晶跟我分享她的背景以及來看我的原因，她的語氣帶有憤怒和無奈：「為什麼在這裡？因為我想給自己一個新的方向，我不願意回去舊的家鄉，那裡沒有我要的東西。我一直很怕有一天我爸爸就跟我媽媽一樣死了，或者是把我也丟下了。所以我一直跑一直跑，想要趁他丟下我之前先把他丟下來。或許，這樣我就比較不會難過了，這樣我就不會是那個被丟掉的孩子。」這也是個方法！不是嗎？自己先放棄免得被人放棄。

　　根據晶晶的分享，在她出生以前媽媽因為患有血液方面的重大疾病根本就不適合懷孕生子，但是她偷偷地懷孕了晶晶直到墮胎或要生下來都具有一樣生命危險的時候才告訴大家她懷孕了。她母親五個月就進醫院安胎，八個月就生下她。雖然出生的時候還缺氧，可是很奇蹟地智力沒有受損，從小到大開了兩次大刀，除了不能當運動員以外，媽媽其實把她生的很健康。她小時候就有跟其他小孩很不一樣的想法，聽大人說她五歲的時候就會問大人：「人為什麼要活著？」十五歲的時候就得了憂鬱症，那時她也開始在找尋生命的根源想要瞭解自己。在她二十歲的時候開始變得越來越被靈性思考吸引，也大概是在那個時候開始接觸賽

斯，她可能是靛藍小孩⁵。這是晶晶現在面臨的挑戰。

　　她一直找不到重點，她的說法是：「我不是很確定我真正要什麼？我很容易被外在影響。另外，在我想留在加拿大不要回去台灣以及希望做自己想做的事情兩者之間我都遇到很多困難、都阻礙著自己，我不知道自己內心的問題出在哪裡？或是這些外境是要帶給我什麼？我的性情應該有躁鬱症，情緒起起伏伏很嚴重。我這個人很沒有安全感，認為自己很孤獨，在成長的道路上，也真的挺孤獨的。我很灰心、很憂鬱。我從小就是個完美主義者，從小就很在乎別人的看法，不能肯定自己，所以走到現在也讓自己很辛苦。雖然都有在聽演講、找原因、找工作，甚至學習靜坐，可是還是卡住了。」

　　她這麼表達自己：「我很喜歡一種說法：『蜘蛛織網不是為了食物，而是在那個織網過程，他很快樂、很豐足。』可是，我不知道為什麼？我覺得自己在這樣的前提下反而處處碰壁。去年遭遇職業傷害，今年二月初有家公司請了新人，工作很粗重，也在一個月後店裡不忙了就把我辭掉。然後現在我這家公司，說生意不好所以一周只有工作一天，最多才工作六小時。

　　常常有類似的感覺時，我就會問：『我是誰？我怎麼了？人為什麼要活著？我為什麼要活在這裡？』有時候旁人眼裡聽起來看似很庸人自

5　靛藍小孩（Indigo Children），指擁有某種特殊意志力或超自然能力的兒童、少年、青少年。你可能會問：「真的有外星人嗎？」我現在雖然拿不出外星人的確切證據，但是，在經過催眠之後，對於當事人的確有很大的幫助，所以，我的工作是如實地將我的觀察紀錄下來以供後人研究。那些超越本人原有的知識範圍，而且是當今科學家最新發現或尚未發現的，我會在下一本書中再詳細說明。

擾，但其實我覺得這樣才是在覺察自我，不是嗎？」她是個老靈魂啊。

我說：「我也不會知道未來的結果，但是我對於每一個來的我面前的機會，只要是正向、我喜歡，就全力去試試看，總是在走過整個過程最後才知道為何老天要開這個門給我。」

晶晶：「我因為朋友的推薦來到溫哥華，她本來說來到這裡至少可以確保提供我一個全職的工作，可是我這陣子跟他相處下來覺得也怪怪的，那個工作也沒有了。我整個人好崩潰。每次我覺得我開始要起步就失足。」

一個老是覺得自己總是吸引不好的事件或人來到你的生命，那麼要先調整自己震動頻率到跟那個希望吸引的能量一樣，才能把對的事件吸引到你的面前，只有自己先改變自己，世界才會跟著改變。如果你要快樂，就先把微笑給周圍的人；如果你要富有，就把你的財富先跟別人分享。這種想法看起來很詭異，但是也是很對的。

有個故事這麼說的：

有兩個人前來他們很喜歡的上師面前並且供養上師。第一位是個窮人，他拿出七塊錢供養這位上師，上師十分歡喜地接受他的供養。另一位是個富人，他拿了一袋金子來供養上師，上師只是安靜地接下他的供養品。站在上師身邊的小師父很不以為然地私下問了師父，一個才供養七塊錢你為何對他特別感謝？另一個供養的是一袋金子，師父卻只是淡然地接受？

師父告訴小徒弟，那七塊錢對於那位窮人已經幾乎是他全部

的財產了，你覺得他是窮人嗎？他的心並不這麼覺得啊！他認為他很豐盛所以也把他的豐盛跟別人分享。而那一袋金子對於那位富人只是眾多財富之中的很小一部分而已，我們看他雖然很富有，但是他的內心老是覺得自己的錢還是不夠，所以他也只能跟別人分享他認為能夠給別人的。你說，他們有何差別？

《與神對話》的真實故事是：尼爾先生在最貧窮最失意幾乎要放棄的時候，在夜裡的長途車站旁遇見一對無家可歸的母子，他邀請他們到他的住所留一個晚上，早餐用冰箱裡僅有的東西做了早餐給這對母子吃，最後尼爾先生還給了他們他自己僅剩的一些錢，再把他們送走，原來這一天尼爾先生打算要放棄自己的。然而，也是這天尼爾先生開始寫下後來影響很多很多人的《與神對話》。這個訊息就是：如果你想要財富，就先給出去財富；如果你想要幸福，就先給出去幸福。

覺得自己幸福並非要外求，只有自己能夠給自己，而不是等待別人給你幸福。

要快樂，也不必等別人給你快樂，你有沒有看過一些人，他們對自己的人生感覺快樂，所以他才能分享快樂給別人。他覺得自己是富有的，才能把富有分享給別人，即使是七塊錢。分享出去的快樂、富有、或者幸福最後都回到自身，因為能量是從內往外投射出來的，實相也是，它們不是因為外在給你多少快樂你才能有快樂。

從第一次跟晶晶見面到後來幾次的催眠，我看見她的轉變十分驚人，她也同意我在未來將她的故事寫出來，以供其他人理解催眠是如何

改變一個人的，這裡只是晶晶的第一次催眠過程。

　　因為時間的關係，我只有一次催眠晶晶的機會，我用的是單向催眠法，我的目的是要直接把正向的暗示植入她的潛意識，幫助她面對目前的挑戰的能力。我要把她以前增加成功過的經驗和感覺再度重整，作為將來的墊腳石。

　　我把她帶到記憶中最快樂的記憶，她看見了父親。很辛苦的父親。

　　「請你看著你的父親，你想跟他說什麼？他也想跟你說什麼？現在你會聽見一個不一樣的音樂，你開始會接收到。安靜在這裡幾分鐘，直到你再度聽見我的聲音。你都會記得這裡發生的事情，而且會越來越清楚。」（我看見她流淚，幾分鐘過後才安靜下來。）

　　「這裡你看見什麼？你等一下可以跟我分享，妳會理解這一切是為了什麼。」（醒來之後晶晶跟我分享她在這時候發現，母親的提早離開其實是為了要給她和他的父親去完成他們之間應該做的事。雖然她暫時不知道要做什麼？）

　　在加深催眠後，我開始對她的潛意識植入許多正向的暗示，這也是自我強化最優越的地方，沒有人能夠改變我們，只有自己能夠改變自己，如果願意的話。

　　最後，我要晶晶跟著我在心裡覆述一個暗示語：「我願意改變，我願意改變，我願意改變」十次，作為將來自我對話的主題。

　　催眠結束後我由一數到十讓她慢慢地清醒過來，當我數到十並且暗示她把眼睛睜開來回到這裡來的時候，我看她並沒有把眼睛睜開，她的身體也十分放鬆。

她坐在椅子上，眼睛閉著身體靠在椅背上雙腳分開打直放在地上，右手放在肚子上不斷地畫著圓圈圈撫摸著自己的肚子，這時候我本來心想：「她在做什麼啊？時間都已經超過了，下一個客人可能已經在外頭等待了。」

　　這時候晶晶開口：「我好像覺得有人在摸我。」她的語氣很緩慢，輕柔，不太確定。

　　我看得出她根本還沒清醒。

　　晶晶：「我好像覺得是我的媽媽在摸我耶。」

　　我在教學的時候都會跟學生說，在催眠剛剛結束的時候一定要小心自己說的話和做的事，因為那時候個案其實還在被催眠狀態，你說的任何話都會變成很強的催眠。

　　晶晶還在被催眠狀態，因為她剛剛進去很深的催眠狀態，她很難快速地清醒過來。我給她多一點時間。

　　我：「你在哪裡？」

　　晶晶：「在媽媽的肚子裡，很黑。我只能感覺媽媽正在摸我。」

　　她，哭了。

　　晶晶：「這是第一次感覺媽媽就在身旁。」

　　她哭得很傷心。

　　我也鬆了一口氣。我知道她與母親再度連結，而且更重要的是，自我療癒已經被開啟了。這時候診室的音樂停了，沒有任何聲音，靜默是最好的音樂。

　　此後我跟晶晶花了很多時間在分享她的改變過程。

有一次我收到晶晶傳來的訊息，這是我們之間的對話：

　　晶晶：「見你之前感覺到我是真的卡住了，連有什麼讓自己很喜悅的事情都想不起來，現在身體也好像真的很放鬆，還好我終於開始行動了。」

　　Sunny：「恭喜你開始了新的生活模式。」

　　晶晶：「人還是要有夢想跟找到自己適合的工作，壽司店做四天我就想回家睡覺了。但是回到蛋糕店一小時我就有精神了，果然我的熱情在這裡。催眠真的好神奇。那天摸肚子有很溫暖、很心安的感覺，就好像我變成了媽媽的一部分，在摸小時候的自己。感覺得到，那時的媽媽摸著肚子，像是在跟我說：『寶寶，媽媽一定會拼命把你生下來……』我可以感覺得到媽媽的愛。」

　　Sunny：「請記得，媽媽永遠在場，她不曾真的離去，因為，唯一只有愛，是真的。」

　　晶晶：「好（大哭）。以前因為不能面對那種傷痛，所以我在外面都會找媽媽的影子，心裡的痛就越大，尤其我二十歲以前我都會遇到很多對我很好的女性長輩，只是我一直填不了那個缺口，加上我很難感覺到爸爸的愛，有時候外界給我的愛反而會造成更大的空洞，我是真的一直很想幫助自己。」

　　Sunny：「如果你母親沒有提早離開，你會經歷這些嗎？就不會學習這些了對不對？也許，這就是你此生的主題，要來學習這些的。懂嗎？」

　　晶晶：「我怎麼給自己一個這麼麻煩的功課啊？我十一歲就從屏東

『問路』坐車到高雄玩，那個時候還有計劃要回去台北找爸爸，可是身上沒有那麼多錢。我也是爸爸的兄弟姐妹之中，第一個出國的孩子。第一個在國外唸書『闖天下』這麼久的。想起來也很有趣呢，我希望傷痛會過去，而我會逐漸感受到自己活在愛和喜樂當中。」

Sunny：「老靈魂和堅強的靈魂都會為自己選擇非常艱難的課題，賽斯說：最後一世的靈魂通常都會選擇最難的課題，因為你們不會再回來的。」

晶晶：「我覺得我不是最後一世，但是快了。物質上我不是很艱難，可是我總覺好像也是自己創造了一個內心很艱難的環境。」

Sunny：「傷痛不會真的過去，它只會變成一股力量讓妳往前走。記得，人生沒有所謂的終點，每一個過程其實就是終點本身。你就在終點。」

晶晶：「我一直想要得到一種力量，但是其實力量和愛一直都在我身上，我有一個感覺，我一直覺得自己缺乏愛，一直找不到愛，可是那天催眠的時候，兩三個情境都是曾經在我身上，很深刻的愛。應該是來提醒我，愛本來就在我身上，沒有離去。」

Sunny：「這就是催眠，你所經歷過的每一個愛都不曾離去，它們在你內。催眠只是幫助你記得並且重新體會。你真的很棒！這是緣份，也感謝你的信任，允許我幫助你找到生命的答案。請勇敢繼續往前走。覺得你母親的提早離席是為了成就你與你父親的關係。你這一世最重要的課題就在你和你父親的關係。你要好好經營，不要等到太晚了來不及。知道嗎？記得我的話。」

晶晶：「我就是一直很想逃離那個不受肯定的地方啊。」

Sunny：「可是，你也知道最後還是要回去面對，那才是你的課題，對不對？只有跟你緣分最深的人才願意當你的家人，陪你做最難的課題。」

晶晶：「生命的過程是讓我圓滿我的靈魂，我是這樣想的。」

Sunny：「因為有愛、理解愛，所以去愛。愛，也會再回來。」

晶晶：「因為愛是能量，愛就是宇宙，就是萬物，就是神，就是你我。我們們都存在在愛裡面，只是千千萬萬種不同的樣子，不同的變化來營造宇宙的無常卻充滿活力。我們都存在在愛裡面，只是千千萬萬種不同的樣子，不同的變化來營造宇宙的無常卻充滿活力。我也有這種抱怨，可是當我開始愛我的蛋糕的時候我真的好快樂，充滿著愛。」

Sunny：「你是對的。要先學會如何愛自己，才能知道如何愛別人。但是大部分的人都是反向操作，所以得不到回饋之後就到處抱怨。」

晶晶：「我找工作也是跌跌撞撞，可是總是有機會讓我思考我的熱愛。」

Sunny：「你真的很棒，那麼年輕就接觸到賽斯。你是老靈魂。」

兩年後晶晶回去台灣跟她爸爸在一起，

我問：「你現在還是這麼想嗎？你可以選擇改變的話，你要選擇什麼？」

記得晶晶來催眠前說過這個：「我為什麼在這裡？因為我想給自己一個新的方向，我不願意回去舊的家鄉，那裡沒有我要的東西。我一直很怕有一天，我爸爸就跟我媽媽一樣死了，或者是把我也丟下了了。所

以我一直跑一直跑，想要趁他丟下我之前先把他丟下來。或許，這樣我就比較不會難過了⋯⋯這樣我就不會是那個被丟掉的孩子。」

晶晶的回答是：「我現在還是不確定台灣有沒有我要的東西。可是我現在最大的改變是，我看到我爸爸，我就覺得充滿了愛。爸爸給的愛在生活中的每件事裡面而且我也很愛爸爸，所以我們的關係慢慢改變了，有爸爸在我也覺得很快樂。不會像以前一樣覺得很掙扎。我或許無法斷定我是不是開始『不認為』過去我是被丟掉的孩子，但是慢慢可以看見爸爸努力想要照顧我的那些片段。我突然覺得，我也是爸爸帶大的孩子。只是他沒有一天二十四小時跟我在一起。我現在不確定如果可以改變的話我想改變什麼，但是或許我會想要早點做催眠。另外還有一件事就是，我想要謝謝過去努力沒放棄的自己。」

晶晶在她生日這一天在FB寫：

> 謝謝十五歲時，一直努力不放棄的你。謝謝二十五歲時，沒有逃跑了的你。謝謝過去三十年裡，勇敢面對、勇敢向前的自己。我會越來越好、大步向前、活得很好。我們會很棒。

Sunny：「感謝你的信任，被信任是一件很美好的事。」

晶晶：「我認為是你也有美好的特質，讓我信任你呀。就像我之前說的，我覺得你的部落格有一種長者的氣質，一種願意帶領別人的、老師的特質。」

這是一個很值得留下紀錄的改變過程，晶晶的故事可以讓很多人認

識，真正的催眠改變是什麼？它絕對不是一夕間把人生由黑的變成白的，那是一種過了一陣子你突然回頭看見自己的人生軌跡不知道何時被改變了。

　　將來我會把晶晶的故事完整地紀錄下來，以供研究催眠的人可以參考。

靜心時間：先找到自己的心

　　好，你決定開始練習打坐或叫靜坐。你問，「那麼，我的心（Mind）到底要擺在哪裡？」這一天，你可能很平靜自然地可以進入深沈的打坐。也許，有一天你在一日的繁忙中突然望著窗外藍天裡飛過的鳥兒，那一瞬間你的心震動了一下，你就決定坐下來讓自己望著這窗外景緻，就在這裡靜坐一會兒，讓所有的紛擾頓時沈澱下來。或許，有時候你的心一直起伏不定，你也許知道自己在煩惱什麼，也許並不確定，然而，你也都覺察到這些起伏的情緒。這些，都很好。靜坐，並非強迫你在打坐的時候要把所有的念頭或情緒壓抑下來，或是排除在外。你一定要把你的心帶來——喜悅的、平靜的、憂慮的、憤怒的或者灰色的心都沒關係，因為，這些都是你的一部分，你如何能夠把它們排除？不承認你的一部分？

　　一開始坐下來的時候，感覺自己現在在哪裡？想像有一道太陽光像掃描機一樣，從頭到腳掃瞄全身，然後問自己：我的身體還有哪些地方沒有放鬆下來？我此刻的心情如何？就像第三者一般，看著自己、問自己。

　　很多人腦海憧憬著一個完美的打坐模範——安靜、沒有煩惱、沒有雜念、可以坐在那裡如如不動好幾個鐘頭，像一尊佛。真的是這樣嗎？我們大部份都是凡人，每天能夠在生活的雜務裡勉強擠出一個小時，關掉手機、電腦和電話，然後讓自己安靜下來，這已經值得鼓勵了。這裡我們談的是初階開始練習打坐，不要把自己嚇壞了，以為永遠達不到那個看似神一般的境界，所以往往很快就放棄。這個故事聽起來是不是很熟悉呢？

開始靜坐時並沒有「好的靜坐」或者「壞的靜坐」之分。也不是只是找一個地方坐下來把眼睛閉上就叫做「靜坐」。靜坐，其實發生在時時刻刻，你都能覺察到自己在哪裡？你的心在哪裡？如果你發現你的心並不在當下，那麼，它跑哪兒去了？它還留在昨天你跟某個人的糾纏不清裡嗎？或者它還在後悔去年自己為什麼會做那個決定而不是這個？或者，你的心此刻早已經跑到明天尚未發生的擔憂裡頭出不來呢？

打坐，就是時時刻刻都能覺察自己的心是否就在當下？在此時此刻。

在開始建立一個新的習慣時，我們才要刻意的練習打坐。記得，連續至少二十一天的練習，是建立一個新的習慣必要的過程。

在一天或一週裡一個固定的時間，找一個特定的地方，坐在墊子上或者椅子上。如果你有任何身體的不適必須靠著椅背或者牆壁，都沒有關係。你可以蒐集很多關於打坐的姿勢要如何如何的論點，目前都沒關係，讓自己自在一點，才有機會持續練習。不過，如果可以的話，我建議你開始練習坐在墊子上你可以在墊子下再舖一塊布，讓雙腳保持暖和，身體也一定要保暖，特別是腰部以下。

安靜地坐著，你可以把眼睛閉上聽我的導引，也可以自己讀這些文字。

先問自己幾個問題：

第一，我現在身體的感覺如何？

我的身體是放鬆的，全身輕盈？如果是不舒服的，那麼，是哪裡不舒服？怎麼不舒服法？哪裡痛？哪一部分的肌肉無法放鬆下來？我不要你告訴我是誰讓你煩惱，我不需要名字或者樣子、在哪裡發生？我只要你覺察那個不在當下的那顆心，現在在哪裡？那是什麼樣的情緒？

　　第二，我的心情如何？

　　很平靜、像一潭湖水，藍色的。很好。
　　不平靜？沒法安定的？
　　你的心現在在此時此刻嗎？如果不是，它跑哪兒去了？在無法挽回的過去？或者尚未發生的未來？你能追蹤到它嗎？
　　很好，就只是找到那顆心，你要知道它時時刻刻在那裡。
　　設定一個鬧鐘，從七分鐘，然後再慢慢地增加。

· 我的紀錄 ·

燙手了
自然就會放下

照料在你眼前的事，你並沒有責任去拯救世界，或
找到所有問題的答案，……卻有責任去照料宇宙中屬
於你個人的特殊一角，當每個人都這麼做時，世界就
在救它自己。

——賽斯書《夢‧進化與價值完成》

現在是2018年，回首2005年我第一次舉辦賽斯讀書會，之間停停走走幾次直到現在才理解當初為何要有這個讀書會，因為讀書會裡的許多人都在這幾年裡不僅僅是改變了自己的人生，而且是迅速的改變。

1998年我生了老二，生命開始進入一個停滯不前的狀態，當時新時代的一些著作像是《聖境預言書》、歐靈的作品和奧修的書第一次為我打開一扇窗讓我開始呼吸一點新鮮的空氣。

然而2003年當我的人生整個掉到谷底的時候，我接觸到賽斯書。也是像今年這種冬天，很冷。2005年我開始在加拿大多倫多找了一群志同道合的老朋友和新朋友開始舉行每週一次的賽斯讀書會，平時為了帶領讀書會，我就非常用功地研讀每一本賽斯書。原來，我只是希望找一個焦點把自己的心安定下來，找一群談得來的朋友一起試著改變個人當下面臨的瓶頸，在這裡我們有各種宗教、背景的朋友，我們談的不是宗教和政治，我們談自己的人生以及自己如何走過挑戰。

然而，當初許多參加讀書會的朋友都沒想到，幾年後我們的人生竟然悄悄地改變。

我自從踏上催眠師這個志業以後，我從來就沒有後悔過，也滿心歡喜自己找到此生應該走的路。當我看到身邊幾位讀書會夥伴們也變得越來越快樂、越健康的時候，我們都不禁要感謝賽斯，在這一路上我們不僅一起讀書、討論、互相支持鼓勵，也把賽斯一點一滴融入我們的生活。所以，到現在回想這一路為何會誤打誤撞進來賽斯這條路，也因為他帶來的理念是非常切合我們個人的經驗，所以我們開始一點點地把所學融入生活，平時有疑問或者兩難的時候，我們就以賽斯為主軸，拿來

鼓勵自己，為自己找到困難的出口。

　　有的人因為賽斯的引導，再度回到他們原來喜歡、但是以前無法貼切地理解的宗教上──佛教或基督教，有人因為賽斯的指引，度過當時最低潮的時候，也找到轉彎的契機和勇氣。

　　我個人因為賽斯書的指引，找到此生應該走的道途。我過了五十歲即將展開第二個人生、也是第二個五十年計劃：開始建構靈修、養生中心的夢田。我希望不只有自己，還有幫助更多的人走向健康的身、心、靈之道。讓來這裡的每一個人後半生能夠過的更豐富、健康、圓滿。所以，我決定開始第二階段的賽斯讀書會。

　　如果，你正在尋找你的下一個目標，或者，你覺得現在的你可能還沒有完全發揮你的潛能、你的生命可以有更美好的展現、或者你正被困在困境當中。如果你願意改變自己、尋求更美好的未來。歡迎加入我們的行列。書本最後會附上我們讀書會、各種工作坊和演講的訊息。一個充滿正向能量的團體，一如巨大的磁鐵。它能夠幫助你吸引來幫助你的人或事件，而快速的改變於是變得可能。

　　記得有一天早上我接到一則留言：「Sunny，自從接受你的建議開始讀賽斯書，除了每日在通勤的火車上或者某一個『空檔』我才能翻幾頁書。然而，我發現自己每天似乎都有各種藉口拖延我原來想做的事，我告訴自己：好，等『那事』做完、等到什麼什麼事結束，什麼什麼日以後我就開始做『這個』。然而，『那個事』過了也總是有更多『那些事』讓我忙，也就這樣形成我每日的模式、每個月、甚至就是我現在的樣子。也許如果我不再採取行動的話，我的生命很可能就是以這樣的模

式結束，不會改變。每天在我心裡我仍然一再地跟自己拔河：是不是要停止眼前這些重複的模式，去做我真正想要做的？雖然我讀書的速度很慢，但是，藉由看著讀書會大家的討論，我也學習到很多很多，感謝你帶給我的啟發。我也很想參加你們的讀書會、想要多多學習但是總是覺得時間太少，生活總是覺得很累，沒得喘口氣。雖然知道我應該為自己做些什麼，而不是不斷地在為他人，我想我有很長一段路要走。」

看見這一則留言，讓我想到一個故事：

有個人覺得生活很累很苦，所以到禪寺想要請教大師如何才能讓自己真的放下？他說：「大師啊，我聽您說過，不要執著，凡事只要放下就可以解脫，我試了很久都無法放下呢，你可以告訴我怎麼才能真的放下呢？」

禪師請他先坐下來，給他一個杯子讓他拿在手裡，再為他倒熱水。禪師一直倒一直倒，連水滿了還不停下來，以至於水滿出來燙到這個人的手。這人急急忙忙地鬆開手中的杯子，杯子就掉了。

這時候禪師說：「燙了，自然就會放手。」

接近四十歲的時候我的生命跌到谷底，心理上和生理上都承受著很大的折磨，有一年冬天我幾乎想要放棄生命，總覺得重新來過可能會比較容易。記得那是一個下著大雪的早晨，孩子們上學去了，我的心情處於憂鬱狀態太久，所以有一股想要結束自己生命的衝動，各種可能結束

自己生命的方法不斷地在腦海裡流過。還好，那天有人託我送個東西去給住在附近的學姊，我心底偷偷期望能有個機會跟她聊聊天，也許藉此可以拉住一條繩子什麼的好讓自己不要真的跌下去。然而，我打電話給這個學姊的時候她並沒有邀請我進去坐坐，說要我暫停她家門前就好，她會出門來拿。就這樣，送完東西我獨自把車子停在她家附近的停車場，在車裡痛哭起來。最後，我只打了電話給一位好朋友，他也是我前世的師父，我覺得很對不起他，老天讓他此生又來我身邊陪我，然而，我感覺自己像是又來到累世累生一直爬不過的同一個山頭，而這次，我還是累得想要再放棄。所以，我要告訴他，對不起，讓他白來陪伴。

我的朋友在電話裡跟我說了很多話，最後，他說：「Sunny，以上這段話只有五分鐘效果，因為，以上的能量都是我的，不是你自己累積的，也許當你在跟我說話的時候你會覺得很有希望、很有能量，但是，當你掛上電話之後，你還是得要自己決定、自己選擇要怎麼做，我是無法為你做決定的。」

後來，我決定要為自己的生命負責。

幸運的是，我遇見生命中的幾個貴人把我帶入賽斯的世界，因此，我的生命在這裡轉了一個大彎，來到這裡，所以我才決定從2007年開始義務性地帶領賽斯讀書會，希望能夠把自己的獲益和經驗也與更多人分享，讓他們的生命也能夠因此改變。

許多年來每日清晨我都把自己浸淫在瑜伽的世界，每每我禪定在瑜伽的勇士式的當下時，感覺自己變得更有勇氣，能夠將心靈直接安置在有利於靜坐的狀態，維持在當下的心是安靜而喜悅的。

我記得曾在書上讀到這句話：

真正的靈性生活需要深度地開放自己，我們需要非常大的勇氣和力量，這是勇士的精神，但這種力量來自我們的心。我們需要的能量、承諾及勇氣，並不是要讓我們逃離生活，或用任何物質或靈性哲學來掩蓋它。我們需要勇士的心來直接面對自己的生活，包括各種痛苦和限制、快樂和可能性。這種勇氣會將各種生活層面納入靈性修行之中：我們的身體、家庭、社會、政治、地球生態、藝術、教育。只有到那個時候，才能真正將靈性整合進生活裡。

回到當下，我們還是要好好面對生命當前的每一個課題，而不是逃離去做其他的什麼，那不是靈性真正的意義。靈性是與存在相調和的能力，與地球人的迷信、教條、盲從、壓迫和剝削無關。

我一直告訴自己的是：「我會在此生極盡地去進化自己的靈魂，希望我能夠為隨我而來的人創造一個足以直接穿越的門。」

個案：找回自己

　　丁玲，四十初，她的人生完全失去重心，工作看似很好但是她變得不快樂，曾有過一段很短暫的婚姻，目前單身。她長得很漂亮但是對自己卻一點兒信心都沒有。

　　我們的主題就是：找回對自己的接受和愛，也就是自信心，然後找到對生命的熱誠。

　　因為，我要幫助她開始在生活中吸引來某一個明確的事物或人，都是針對她目前的目標的。所以，在催眠下我要她問問自己：

　　「你知道的，今天你跟我在這裡為了一個目標，我們要把答案找出來，現在，我會由一數到五，請你回到你覺得自己最開心的時候。……」我等了一下，問：「你記得什麼？」

　　丁玲：「我在彈鋼琴，媽媽很嚴厲還打我的手，我就是彈不好。」她一邊流淚。

　　我：「那時候你差不多幾歲？」

　　她：「小學三年級。媽媽教我彈鋼琴，我知道我令她很失望，就是學不好。」

　　她哭著說：「我常常作弊，因為媽媽對我的期望很高，她是學校的老師，她的女兒怎能夠表現不佳呢？」

　　哭過之後，我讓丁玲安靜下來，進入更深的催眠狀態。

　　我：「丁玲，現在你慢慢站起來，你的媽媽就在你的眼前，你會看見我，我就是她。」

　　我：「看著我的眼睛，把所有你想要對媽媽說的話說出來。」

　　丁玲這時候哭得很傷心，她對媽媽說了很多話。

我：「丁玲，現在你慢慢深呼吸一口氣，想像現在的你就站在這個小學三年級的丁玲身旁，你知道你要如何安慰她嗎？」

結束之後，我跟她交換位置。

我：「現在，你站在媽媽的位置，你是她，我是你了。你看著我的眼睛。……你有什麼話要對我說嗎？」

丁玲：「對不起。我很怕奶奶不喜歡你。」這時當媽媽的她也很傷心。

在催眠下我引導她來到父母的面前，我在催眠下用家族排列的方式發現：

原來媽媽對她這麼嚴厲的原因是這個家其實是很重男輕女的，奶奶總是背著爸媽偷偷地給弟弟錢，或者家裡有零嘴時就多給他一點食物，因為他是唯一的男孩。對於其他兩個女孩就認為她們是賠錢貨，即使她們長得跟她們的母親一樣漂亮，也都不重要。

媽媽盡量教導女兒們讀書、彈琴、禮儀、運動，希望培養她們成為很標緻的女孩，將來她們都可以有個好歸宿，不再像她們的母親一樣。因為，自從她母親嫁過來這個家庭就不開心，先生有外遇、小姑大姑也欺負她，所以即使她母親現在已經近八十了，談起往事還是很不快樂。

丁玲：「我看見我母親的為難，她這一生的悲哀，因為他們的婚姻，我根本就不相信男人了。」

我讓她跟母親在催眠下先和解，互相給一個深深的擁抱，我要她跟母親說：「媽媽，你是我此生永遠的母親，我也是你永遠的女兒，你有你的人生道路要走，我也有我的，請你允許我用我自己的方式走我的旅

程。謝謝你帶給我生命，我愛你。」

我給丁玲三分鐘的時間在音樂的陪伴下安靜下來，並且暗示她在潛意識裡把剛剛與母親的這段過程重新整理，讓那些對她沒有益處的記憶、情感、信念或記憶離開。把正向的、有愛的部分留下來，等將來有需要的時候就能夠把這股力量發動出來。

接下來我暗示丁玲：「你還可以應用哪些方法把你要的夢想吸引過來呢？這是你唯一可以接受的形式或者還有其他的方法也可以幫助你達成你要的的目的呢？你是不是可以開放的來接受即將到來的、最美好的事物？是否還有其它的形式能夠以更好的方式達到相同的功能？你現在就在你的夢想裡，你只有去發現它們，你可以這麼做。現在我給你一些時間去發掘生命的奧祕，去擴展你美好的經驗。」

我相信靈魂會將我們渴望擁有的事物的本質帶來，儘管也許可能不是以我們所期望的形式，也可能我們想要的本質其實早已經來到，我們要做的就是將它們認出來。

例如有人也許在現實世界擁有豐盛，但是他卻堅持一定要擁有一棟幾千萬的豪宅才算是很豐盛。一千萬夠嗎？有人說是，有人說不是。也許我們的周圍都是愛我們的親人和好朋友，但是，我們卻一定堅信要有一個婚約的伴侶才算是幸福。

我也相信，要想能成功的吸引來我們想要一切，重點是把的焦點集中在去創造我們想要的事物，而不要只想擺脫我們不想要的。

我的個案來到我面前總是跟我鉅細靡遺地訴說他不喜歡的的另一半或者孩子、工作主管是如何如何地討厭、給他們挑戰，然而，當我反問

他：「請你告訴我，你認為的幸福是什麼？或者完美的伴侶是什麼？」很多人往往無法告訴我確切的樣子。

每一個成功都建立在之前的成功之上，所以，我們要回去尋找的是過去的記憶裡有什麼是做對的？為什麼對了？因為誰的幫助？因為一個靈感嗎？或者一個對的行為？

我將丁玲帶往過去生活上跟父母在一起建立起來的好的個性、習慣，而這些都是如今幫助她在工作上和生活上，讓她變成一個更好的人。

我利用自動書寫方式帶領丁玲察覺她對於婚姻的信念，我的問題一如最後的練習題，有興趣的話你也可以回答。

我：「現在等我由一數到三，請你把眼睛睜開，拿起桌上的筆，用最快的速度以直覺完成你眼前那張紙上面的句子。你會一直保留在這種深沉的放鬆狀態，毫無困難地完成每一個句子。這些信念就是你對它的信念，你一定會吸引跟你的信念一致的事件或人來到你的生命。如果，你不喜歡你現在遇見的人生事件的話，那麼，請你再選擇一次。」

人就像一部投影機，信念就是那個投影片經由投影機將信念變成我們周圍的實相，然後我們再對那個實相起反應。現在，假如你不喜歡那個實相的話，要改變的並非投影，而是投影片。

丁玲給我的結果是：我們透過催眠釐清了她對於婚姻的信念，然後，我再帶領她做出一個自己希望達到的願景圖，根據願景圖她就能開始做自我催眠，將以前就的信念改變成新的。新的信念一旦被建立起來，那麼過去和未來就會被改變。

我記得幾年後我再遇見丁玲，她告訴我：「Sunny，那天我回媽媽

家，早晨媽媽去買菜的時候我坐在客廳彈《少女的祈禱》，我的鄰居聽見了跟我說我彈得很棒啊。我知道我現在能夠很自在地彈鋼琴，就能夠彈得很好因為沒有壓力，也不怕媽媽再批評我什麼了。我第一次感覺這麼自在。好棒啊！」

「從小我就不是優秀的小孩，做什麼事幾乎是被唸／被罵……，再加上父母容易吵架，我覺得都是因為我而引起。所以我不是一個很有自信的人，所以我即使很高但從我內心看到的自己卻像是侏儒。一路成長上來，內心複雜，時而被誇、時而被貶，自己都已看不清楚自己了。這兩年幾乎是我最難過的時候，被工作量壓到喘不過氣、被同事傳謠言、三不五時看爸媽鬧脾氣，也因此努力地練瑜珈、上課、參加線上讀書會，所有可以提升自己的方式我都用了。剛才打坐後領悟到我好慶幸自己的不優秀，也多虧同事的謠言和嘲諷，我看到自己是可以有很多的成長空間。我感謝這長時間下來的挫折，也因此我沒有放棄自己，努力的提升，雖然辛苦，卻也如倒吃甘蔗般，越來越香甜。如同你FB所言，你是來陪伴我的，真的很感恩。我想我會有更大的肚量來包容這些挫折。」

我看見一個新的靈魂正在成長，我這麼回答她：

> 在陪伴你的過程我也看見自己。你在人生上的挫折、在父母之間的兩難、你對自己的失望，我都好像看見自己的影子。在精誠高中讀書的六年曾經被我視為的黑暗時期，然而，跟你一樣的我現在覺得那是我成長的空間、也是一個契機。我的身邊曾經有很多

天使來陪伴，所以我一路可以沒有放棄走到這裡。我只是把天使們給我的力量再度傳給身邊也願意接受的人，但是並非每一個人都願意接受這份陪伴。幾年前謝謝你願意相信我，讓我做催眠，我想那是你願意為自己的人生開始負起責任的開始，而你的自由度變得更寬大了。恭喜。也謝謝你跟我分享這份喜悅。

我曾經讀到一句很震撼人心的話：「佛陀說，最大的神通是轉變一個人的內心。」謝謝你讓我看見一個實習神明的路程。

靜心時間：建立美好的親密關係

　　請你先允許自己進入一個安靜的時間，我會慢慢帶領你如何利用深呼吸讓自己快速進入深層的靜心，可能的話吐氣的時候，一次比一次還要更慢、更慢，現在你可能跟著我做：開始以前邀請你的潛意識把你這一生所經歷過、所聽到過的關於與他人的親密關係的種種經驗，全部送到你的腦海裡，所以等一下你就能夠輕易的將它們用筆敘述出來。

　　好，現在，你可以選擇將眼睛閉起來或者指示盯著眼前一個目標，我們一起做七次深呼吸。

　　慢慢地吸氣，心裡面數一，好，慢慢吐氣的時候看著你的呼吸，心裡面再數「一」。

　　再度吸氣的時候心裡面數「二」，吐氣的時候把注意力完全專注在你的人中，感覺自己的呼氣，不要批評，只是去感覺，然後吐氣時心裡面再數「二」。

　　再度吸氣的時候記得心裡面數「三」，吐氣時就再數一個「三」。你的專注力全部放在看見自己呼吸就好。

　　吸氣時數著「四，」吐氣也是數「四」，心眼裡好像看見自己在呼吸，觀察但是不批評，不管你現在的呼吸是否很急促或著緩慢，或者你發現自己可能有那麼一陣子忘了呼吸。都不要批評自己，就只是看著。你是一個觀察者，就這樣。

　　再來，吸氣，心裡面數著數字「五」。吐氣也是。

　　你可能會發現到這時候，你的呼吸的確比剛剛開始的時候緩慢許多，對不對？再來最後兩次呼吸請你自己依照自己的速度來做，直到你數完「六」和「七」，之後恢復正常呼吸。

等一下開始回答問題的時候，你會發現很多記憶和念頭很順利地跑進來腦海裡，你會發現你都不必強迫自己去想，因為它們會自動跑出來。請你用最快的速度回答下列這些問題，不要思考太久，以你的直覺來回答，如果沒有答案就空白下來。

· 我的紀錄 ·

1. 我覺得美好的婚姻／親密關係是（例如我的答案是：我覺得美好的婚姻太難得了幾乎是不可能。）你的答案是：＿＿＿＿＿＿＿＿＿＿。

2. 對我而言有一個美好的婚姻／親密關係是（例如對我而言有美好的婚姻是上天給我最好的禮物）＿＿＿＿＿＿＿＿＿＿＿＿＿＿＿＿。

3. 我覺得進入一段婚姻／親密關係造成我（例如變得不再有自由）＿＿＿＿＿＿＿＿＿＿＿＿。

4. 我認為結婚就像＿＿＿＿＿＿＿＿＿＿＿＿＿＿＿＿＿＿＿＿。

5. 我覺得進入一段婚姻／親密關係使人（例如變得很依賴）＿＿＿＿＿。

6. 我從小的經驗告訴我婚姻／親密關係是＿＿＿＿＿＿＿＿＿＿。

7. 進入一段婚姻／親密關係會＿＿＿＿＿＿＿＿＿＿＿＿＿＿＿。

8. 我的父母常說；婚姻是＿＿＿＿＿＿＿＿＿＿＿＿＿＿＿＿＿。

9. 我害怕進入一段婚姻／親密關係，因為＿＿＿＿＿＿＿＿＿＿＿。

10. 我對婚姻／親密關係最大的恐懼是＿＿＿＿＿＿＿＿＿＿＿＿。

11. 進入一段婚姻／親密關係如果有壞處那就是＿＿＿＿＿＿＿＿。

12. 我不能或可能無法擁有一段婚姻／親密關係的原因是＿＿＿＿＿。

13. 為了要創造一段美滿的婚姻／親密關係，我就必須要＿＿＿＿＿。

14. 如果（怎樣）……＿＿＿＿＿＿＿我就能夠擁有一段美滿的婚姻／親密關係

15. 如果我已經有一段美滿的婚姻／親密關係的話，我會＿＿＿＿＿。

　　請你試著重新讀你的答案，你是否能夠從上面的回答中，找出你自己對美滿的婚姻／親密關係的信念是什麼？

　　然後再來想像你對比較滿意的、可以接受的婚姻或親密關係的願景是什麼。

　　現在，把你想法寫下來。

1. 我可以為這個關係貢獻的是什麼？＿＿＿＿＿＿＿＿＿＿＿＿＿。

2. 我可以為我的另一半帶來什麼好處嗎？或者協助他在人生的哪個方面變得更好。＿＿＿＿＿＿＿＿＿＿＿＿＿＿＿＿。

3. 我願意為這段親密關係這麼做，因為＿＿＿＿＿＿＿＿＿＿＿。

4. 因為我願意並且可以為這段關係貢獻這些正向的影響，所以我應該會吸引來什麼樣的伴侶。請把你希望吸引來的伴侶特質列出來，越詳細越好。＿＿＿＿＿＿＿＿＿＿＿＿＿＿＿＿＿＿

還未結束的過去

催眠（hypnotic）只是一種集中注意力的狀況，在其中，你貫注於信念在其上。

催眠是一種相當有意識的作為，而它本身也表現出信念的重要性，因為在催眠術下，你「強餵」給自己一個信念，或催眠師給你的信念，你把你全部的注意力集中在那個念頭上。

催眠只是改變信念的一個練習，而很清楚的顯示出感官經驗的確是順隨著期待。

在催眠術裡並沒有魔術，你們每個人都經常在用它。只有當給了催眠術特定的過程，以及當它由正常生活中拿開時，催眠的暗示才似乎是如此的玄祕。

——賽斯書

賽斯裡解釋了關於催眠的機制，它讓我看見原來我在執行的催眠術何以有效或無效，這中間的差異是什麼？他說：「催眠的唯一先決條件，是對特定的輸入資料密切集中到排除了其他任何的事。下達的命令是一清二楚的，沒有收到衝突的資料，也沒有相反的訊息。你的信念就好像是一個催眠師，只要給了你特定指令，你的『自動的』經驗就會與它符合。不論什麼時候，當有另外一個人對你全神貫注的注意，可以說，你就是一個催眠師了。」

這一段話很清楚地解釋了催眠是什麼？它何時發生？如何發生？

在過去的每個事件我們選擇某一種特定的情感態度來面對它，然後在時間的潮流裡把它定位在那裡，並且可能再在旁邊編織更多相關的細節，於是，即使數十年過去也不會動搖當初你第一次選擇用哪種情緒面對它的版本。

尤其是生與死的主題。

我經常會收到像這樣的求救訊號，臉書Facebook上未曾謀面的朋友麗美傳簡訊給我說：「我老公去年十月份車禍去世了，我現在狀態還是很不好。我和我老公感情非常的好，我們結婚到去年是十年，我現在每天都是很痛苦、很麻木。我就是不懂為什麼會發生在我們身上，我們那麼相愛？我一直看各種治療師但我覺得用處不大，我的朋友建議我來找你。」

還有一位媽媽跟我說：「Sunny，我就這麼兩個寶貝，何以他們分別都在二十七歲那年生病走了，我覺得我的生命也在他們都離開的時候停止了。每天都無法睡覺，十年了。」

有一天半夜，我突然收到莉迪亞從台灣傳來的訊息，她說：「今晚我實在無法再堅強下去，我可以跟你談談話嗎？自從先生在國外出差突然往生之後，我接到許多關於他的死因的猜測，我雖然決定不再去想它但是我還是很難被說服，這八個月來我處理了他的喪事、國外的公司的事，然而到了今天我覺得我快要崩潰了。為什麼？我們的感情那麼好，他卻先走了？」

這是我一貫的回答：「每一件事情的發生不論你現在是否能夠明瞭，它都出自一個更高的目的，而這個目的是為了要把你帶到你應該到的地方，這是跟你此生的計畫有關。有時候因為一個人跟你的緣分特別的深，他會選擇傳遞給你特別最重要的、最艱難、你此生必須學習的功課，這時候他必須以自己的生死來傳達這個訊息。所以，請你不要白白浪費掉了。」

十多年前，當我為了奶奶的往生整整一年都走不出去的時候，我遇見一位貴人，以上這句話就是一位《易經》大師跟我說的話，我也用它來分享給別人。

當我走向開始面對死亡的練習之後，它也促成我最終走向催眠師之路。

記得二十五歲的時候我決定出國讀研究所，離家前去拜訪我奶奶，她很傷心地說：「你一定不會再回來了，我死的時候就會看不到你。」我安慰她說，我一定回來。

研究所一畢業，我回國教書，就近每天中午去奶奶家陪她吃中飯。記得她總是時間一到就站在家門口為我佔個好車位，然後我就去附近買

喜歡吃的午餐回家陪奶奶一起吃飯、看她喜歡看的連續劇。

　　結婚後我就一直依親住在加拿大二十多年，直到奶奶九十歲那年發出病危通知，那時候因為我帶著三個幼子，老公又不在身邊臨時找不到人幫我照顧孩子，只能乾著急，真的回不去台灣，無法送奶奶最後一程。然而，奶奶出殯後我也大病一場。

　　這一病是心理的比較嚴重，我當時計畫著要如何拉自己一把？我本考慮進去藝術治療研究所進修，想到要幫助別人前何不自己先幫助自己？就這樣我花了一年的時間每週去陶藝教室，給自己做藝術治療。上課的時候人家是一邊聊天我則是一邊掉眼淚，一直掉眼淚。一年之後我以為我已經走過了。有一天我跟認識不久的一位《易經》老師在車上，我們不熟但是聊得很投機，不知怎地他問我：「Sunny，你台灣家裡是不是還有什麼老人家？」

　　我說：「是啊，我的奶奶，不過她去年剛剛往生。」

　　他說：「你奶奶往生的時候你並不在場對嗎？」

　　我很驚訝地望著他說：「老師，你怎麼會知道？」

　　一開始他沒說話，之後我把奶奶如何往生和我如何想念她的事跟他敘述一下，他只說了一句：「Sunny，你讀了這麼多身心靈的書，你應該也瞭解人的靈魂是不死的，也許你的奶奶現在就在你的身旁，不是嗎？」我的眼淚一下子嘩啦嘩啦不住地流下來。原來，思念和遺憾還沒過去，我只是把它壓抑下去而已。這件事過去十幾年。2015年1月的一個黃昏我在加拿大收到訊息說，台灣的姑丈不小心從天花板上掉下來，重傷昏迷，可能再過兩天就要決定是否放棄救治。

唯一的姑丈和姑姑從小看我長大，帶著我、教導我很多，一如我的乾爹和乾媽，這事可不小。

　　要在兩天內趕回去台灣只有一個辦法，立刻搭乘當晚直飛台北的長榮飛機回去，否則就來不及了。那時候已經是下午五點半，我還得送孩子去補習到九點才能回家。就在這五個小時內我得決定要不要回去？孩子找誰幫忙照顧？工作要如何安排？我得到在中國出差的先生的全力支持，他立刻由中國啟程飛回加拿大。我就在五個小時之內辦完所有的事，包括旅行社的人都幫我特別再度回去辦公室準備機票，再把它送到我家裡來。十點半，姪子下班後來家裡陪孩子。這時候計程車也已經在門口等我，當天夜裡一點我就坐在飛往台灣的飛機上了。

　　等到上了飛機一切安頓下來之後，我開始懷疑自己的決定是否倉促？我為什麼一定要回台灣？都已經五十歲了怎麼還做出這麼衝動的事？我回去能做什麼？我的公公婆婆看到我這麼跑回去台灣會諒解我嗎？懷著一顆忐忑不安的心情，直到飛機經過日本上空搖搖晃晃起來，我就開始打坐以避免暈機。就在飛機著陸的那一刹那，看著朝陽初升的大地，我終於明白：原來這次我是為了我自己回來的。

　　到了醫院見了姑丈最後一面，隔天清晨他就往生。

　　留在台灣的這週，有一天下午的空檔我陪媽媽去鹿港天后宮拜拜，回家後從臉書上得知一位曾經幫助過我，而我半年多來都沒有再跟他聯絡的一位朋友竟然在九月時不幸因為嚴重腦溢血四分之一的腦殼被切掉，五個月內接受三次腦部手術。我立刻打電話聯絡給他，他的太太接電話說：「Sunny，我知道你，我先生跟我說到你，我們現在為了他的

身體，除了催眠之外，我們什麼都嘗試過了。」當晚我就立刻到他們家拜訪，而這一路上我終於明瞭為何我會在此時此刻遇見這件事。我的朋友左半腦部急性腦血管爆裂所以切除四分一，右側身體因此失去知覺，行動也受到一定的影響，嘴角下垂無法併攏，最近還併發癲癇反應。

我當面向他們夫妻倆解說清楚催眠與腦神經重組的關係，以及我要如何進行第一步驟，讓他病後的憂鬱和對未來不確定性的心情能安頓下來，讓他能夠在癲癇發作之前就能夠感知到，並且立刻做好安全措施，例如坐下來或躺下來以避免摔跤碰撞的事件。

第二步驟就是發動他的身體自我修復的能力，加速復原。

第一次催眠他就進去一個很深的催眠狀態，首先我引導他到從前一個很快樂的、很健康的記憶裡頭。他來到大學一年級的聖誕舞會上，這時候他突然由臥床的姿勢起身，在床邊一隻手搭在想像中的舞伴肩上，一手扶著對方的腰，他開始轉起來了，是華爾茲。

「一二三、二二三、三二三、四二三……」他一邊打拍子、一邊好像抱著一位舞伴跳著舞。腳步是穩健的、表情是喜悅的，姿勢標準。我在一旁很驚訝地看著這一切，也很怕他跌倒。我就讓他停留在這一幕一下下。過了許久再接下去進行其他的催眠。

當整個過程結束之後，我下指令讓他睜開眼睛並同時對他暗示說：「只要你需要，將來你會很容易就有像今天這樣愉悅、有信心的感覺，你未來在面對任何的挑戰時都能從這裡找到力量。在你張開眼睛以後，你會感覺很舒服、神智很清醒很平靜、很愉快。」

他張開嘴巴才開始講話，就說：「啊？Sunny，我可以聽見我自己

的聲音了！」起初我並不明瞭，什麼是自己的聲音？

原來，因為我們說話的時候是由兩種模式傳導到自己的耳朵：一個是從空氣傳回耳朵叫做「氣導音」，另一個是直接從口腔內傳到內耳，是聲帶的振動通過頭蓋骨直接被傳送的「骨導音」也同時被傳到自己的耳朵裡。通常自己聽見的都是「骨導音」，他人只能聽見「氣導音」。因此，別人聽到的我們的聲音和我們自己聽到自己的聲音是不一樣。他生病後右側耳朵的導管就不管用，所以催眠後因為那條導管被打開來，他終於又再度聽見自己的聲音。

他很激動，我此時也很激動。奇蹟。

我對著他說：「這次，我雖然趕回來台灣，卻無法幫助我的姑丈。但是，很感謝你給我機會，讓我把這份愛的療癒傳達給你。謝謝你。」

我知道，我終於回應了當年我對奶奶的承諾，回來台灣了。

很多時候，在我們的人生旅程，有多少次未完成的事件或者關係，就在匆忙間錯失了？也許是一個誤會而造成一段無終的感情、或是一個時間的來不及，沒有說再見。然而，我們以為會過去的其實並沒有過去，那情感一直被壓抑著，於是，我們的人生裡就出現很多的遺憾或者悔恨。

如果，能夠有機會讓我們彌補的話，你會不會做不一樣的選擇？人生是不是就會有不一樣的劇情和轉折？

而催眠給的就是再一次選擇的機會。我們得以對過去的事件選擇另一個情感的版本，這個版本可能是比較圓滿的、可以原諒自己或者原諒對方的，藉此我們的人生可以比較輕鬆地、有愛地再繼續走下去。

賽斯解釋：正式的催眠只不過給一直在發生的事帶來一個加速的版

本。它是即刻地以一個新的現在的信念來取代過去舊的、不適用的信念一個完美的例子。

我在催眠上經常使用「後催眠」暗示，那是讓個案回家之後能夠透過特定的客體，例如紅色天空、太陽、一朵花來啟動我在催眠下給他想要的「新的信念」的版本。而賽斯則說：

「你一直都在給自己『後催眠』的暗示，尤其是當你把現在的情況投射到將來時。你自己有意識的信念就是你接受到的最重要的『暗示』。

所以，我們在面臨一個事件的時候，所選擇的情感態度的確會影響在未來對它的想法，這個想法和感情也就一直以一樣的方式在影響我們的生活。」

賽斯書裡頭一直強調的，一定要跟每一個過去好好說再見。我們常把一段戀情埋在心底、把對一個人的恨也壓抑下去、或者像我的一名個案。

麥克在青春期一七歲時父母親由台灣移民來加拿大，那天起，他說：「我的青少年就這樣莫名其妙地結束了，因為父母每一件事都變成要依賴我，因為他們不會講英文，我突然要做所有成年人要做的事：找人修水電、跟銀行打交道、為弟弟的事跟學校去溝通。」他，被迫一下子要長大。

然而，遺留在後面的那個小男生到哪裡去了？

其實，他一直都被藏起來，未結束的一段人生。

所以，我經常要帶個案回去找心裡頭那個小女生或者是小男生。

重新走完那個時候應該做而沒有完成的事或者關係。

個案：林媽媽與兒子的約會

　　林媽媽退休以前是一名家庭醫生，現在年近八十。她的唯一的兒子跟著她移民到加拿大，不幸在二十六歲那一年因為車禍當場往生，生前的願望就是成為一個藝術家。她一直聲稱在屋子裡時常可以感覺兒子回來看他，但是老公說她疑神疑鬼。

　　她來的原因是，希望跟來不及說再見的兒子說說話。

　　我問她：「林媽媽，你自己是個醫生，你為什麼也會相信這個？」

　　她告訴我，以前她在加拿大中部省份執業，那裡有很多北美原住民，她的很多患者都相信有靈魂之說，所以，她知道，她一定可以再見到兒子。

　　這種突發的死亡事件，往往就是最令人招架不住的。而催眠能夠做的就是讓一個人回到過去事件中斷的那一個點，讓被催眠者有機會道歉、道別和道愛。最後，生者才能真的放手讓死者離開。

　　我在催眠的時候一步一步帶領林媽媽回到從前，回顧種種她和兒子曾經共同擁有過的歡樂時光，從孩子在醫院出生的那一刻、上學的第一天、考上大學美術系的放榜時刻，這些都是林媽媽最開心的記憶，這些可以增加一個人對未來的動力，這是很強大的催眠力。

　　為了面對一連串的生活挑戰裡，我們需要尋求的並非只是外來的助力，自我的內在激勵才是主力。透過催眠回到過去快樂、正向的經歷，全身的細胞此時此刻也正同時重新經歷一次，不僅可見心跳改變、連荷爾蒙也改變了，此刻的經驗是有效的。

　　一如我們進去電影院看一部恐怖片的過程一樣，雖然我們的意識明明知道這一切都只是假的故事，然而當劇情進入高潮的時候我們又入戲

很深，所以心跳會加速、荷爾蒙會同時改變，有時候看一部恐怖片的電影，雖然電影演完了，但是回家後很久很久再想起來都還可能感覺害怕。為什麼會這樣？因為我們的身體細胞其實是沒有時間性的，它不知道有過去和未來的，所以即使只是看電影都會讓身體起反應。

所以我常常跟人說：「你要注意，你都用什麼在餵養你的心靈？」

接下來的催眠轉折很奇妙，我暗示林媽媽在一段音樂裡即將通過一個很漂亮的海邊，來到一個她最喜歡的地方。讓自己的腦子放鬆下來，也許身體可以放鬆睡著，但是她的意識也會一直保持高度集中專注在我的聲音。

接下來我暗示林媽媽回到一個她記得的跟兒子在一起快樂的事時，她說，他們在爬山。走在中國的終南山上，那時候他很小，她很年輕。

我讓她仔細回到這個場景，並且把每一個記得或者不記得的細節，只要對她有益處的都請潛意識送上來意識界，整個身體、心靈全部都回到那個地方。

她的心情顯然非常好，臉上一直掛著微笑。她說：「兒子，你真是可愛。」

最後他們來到山頂上一個樹蔭下休息。

我暗示她：「現在想像你的兒子從地上或者其他地方撿起來一個物品送給你，你用手把它接過來，可以嗎？拿到了？」

她點點頭。

我說：將來任何一個時候，只要你看見這顆石頭，你就能夠越來越能放下這件事、心情也會越來越平靜，無論任何時候都一樣。

我讓她把那個東西握在手心裡，感覺一下它的溫度、形狀、材質、色彩和任何她可以感知的。

她說：「是一顆紅色心形的大石頭。我拿著呢。」

我請她記得這一刻，並且讓她留在這個幸福的狀態下，然後我指示她去尋找一些可能的答案。

我問她：「此生如果沒有這個兒子，你就不會學會什麼？或者你的人生就不會有什麼正向的改變？」

「有沒有什麼需要跟兒子道歉的嗎？」

「有沒有需要道謝的？」

她一直在流眼淚。

我說：「最後請你跟他道別，允許他繼續他的下一個旅程好嗎？然而，你可以感覺到你給他的愛，他收到了嗎？」

她，點點頭。

我問：「你收到他給你什麼訊息嗎？」

「愛，他說I love you, Mom.（媽媽，我愛你）」我收到了，他永遠都在我心裡，不會離開。

當她清醒過來後我轉身由櫃子裡取出一顆約莫一個拳頭大小的粉紅色心形的石頭遞給她。

林媽媽很震驚地說：「你怎會有這個石頭，除了我見到的是一顆大紅色的之外，它們一模一樣啊。」

我笑著說：「你怎會知道我的櫃子裡有這麼一顆石頭？」

她拿著那塊石頭發呆著。

我問她：「你找到答案了嗎？」

她，點點頭說：「我一直以為自己是個科學家，然而，兒子確把我帶到一個不可思議的地方。以前，我聽很多很多的原住民病人在形容死後的世界，我一直都不相信。這是老天的安排，祂讓我兒子帶我來到這裡，我想，我的人生已經步入另一個實相了，我知道我需要的是身心靈的智慧來安頓自己的餘生。謝謝你幫助我。」

我給她那個心型的石頭，這將會是未來提醒她的象徵物，我只是在此時此刻前來協助她加速事件進行的人，她根本不必一直靠著我的。

有時候，我們需要的是一個句點來安頓自己那顆心，只是，有時候需要花很長的時間尋找那個句點，有時是自己還不願意面對。

好好說再見，如果你有機會的話。

靜心時間：一個可能的未來

好，開始靜心之前，先把你的鬧鐘調到定時七分鐘。

如果放一點輕鬆而且沒有人聲的音樂可以讓你更加放鬆的話，你也可以開一點小聲的音樂。準備一張紙和筆。

靜心，開始。

在紙上請先寫下你的答案。

問題是：

1. 在你的生命裡，有什麼事或者什麼人是你無法原諒自己的？或者原諒對方的？

2. 如果我現在給你一個魔法棒，你可變出任何一個你希望的事。對於問題一的答案你會做什麼不一樣的選擇？或者如果真的有機會的話，你會想跟對方說什麼？

（1）現在，允許自己安靜地坐下來，吐氣的時候就像是你剛剛完成一項很費體力的工作，而你可以休息了一樣，深深地吐一口氣，然後把眼睛閉上。開始做五次深呼吸。

（2）五次深呼吸之後，回到自然的呼吸，只是看著自己呼吸，不費力地，也不需要幫助自己，只是看自己在呼吸。

（3）聽著音樂，不要跟隨它，只是打開你的耳朵，彷彿你是第一次聽這個音樂一樣。想像有一個樂手正在彈奏其中一種樂器，可以是鋼琴、打鼓、或者任何一個你可以想像出來的樂器，而且這是你第一次聽見這種樂器，你甚至不知道它是從哪來來的？

（4）在心眼裡看著樂手正如何演奏他的樂器。假裝你是個觀眾，

看著他在演奏。

（5）七分鐘一到，就慢慢地做三次深呼吸，並且把眼睛張開，清
　　　醒過來。

好的，現在再回到你開始的時候寫的問題和答案。

有什麼不一樣的想法呢？需不需要改變？或者就是這樣了？

最後，感謝自己，在心裡跟自己說：

　　也許明天我會有更好的辦法，然而，今天我已經盡力了。

　　我接受和愛現在的我。

結束這一節靜心活動。未來，任何一個時候，你都可以再回來這個
練習題，把你的答案寫下來。

· 我的紀錄 ·

放手的藝術

去預期危險或想像地擔起別人的難題，奪去了你本
來可用以幫助他們的那份精力……由負面地沉湎於將來
會發生什麼，你只加強他們不幸的本質。

——賽斯書

賽斯以一塊布料來形容轉世之間的糾纏與影響關係，浮出表面的轉世經驗也許不被意識認出來，然而，在許多醒時的經驗往往透露出痕跡。被偉大的心理學家榮格（Jung）認出來靈魂裡，女性內的男性化身——男靈（animus）與男性內的女性化身女靈（anima），存在之必要性。其為人格帶來平衡和互補的作用，而全我也永遠比這些特性的總和還要更多，因為靈魂經由不斷的轉世輪迴，使它不斷的處在變為的狀態（the state of becoming），在它先前所不知的實相次元中體認自己，也經驗了自己，更增益了靈魂的存在。

　　當我的第一個孩子孩子誕生時，我的新的角色——「母親」，也同時被生下來。

　　如今我有三個孩子，在這二十多年裡我的孩子創造了我一個叫做「母親」的角色，而我在與他們互動的過程也同時創造出一個全新的自己。我不再是婚前我先生認識的那個少女，也不是剛剛生下嬰兒的那個年輕母親，在這二十年的親子關係早已經造就了另一個全新的自己，所以，我也時時刻刻在重新認識這個新的自己。

　　第一次送孩子去上學，孩子哭我也哭。第一次讓孩子出去參加幾天的活動，我夜裡睡不好。孩子第一次自己開車出門，我就告訴自己：一定要信任他。他會平安地回來。第一次送孩子上飛機自己去英國讀書時又是一次挑戰，去的前幾天法國剛剛發生疑似跟恐怖份子有關的爆炸事件，在機場，我看見自己的兩難：放手或者不放手？信任或不信任？

　　於是，我回來內心問自己：孩子從出生到二十歲的日子裡我是否提供給他們足夠的訓練？我是否成為孩子的好榜樣，好好管理自己的人

生，所以他們也能夠學會如何管理自己的？我是否已經訓練他一個強健的體魄、運動的嗜好以及良好的生活習慣，所以他們能夠開始經營自己的？

愛，永遠存在我們之間，然而，要如何放手卻是一個不容易的功課。

我往回看自己與父母的關係，不也是如此嗎？

我二十七歲時第一次自己安排出國讀書的事宜，自己搭飛機去美國。還沒離家前奶奶就哭了，因為當時我的整個家族第一個出國讀書的孩子，奶奶哭訴說她死的時候我一定不會再回去看她。在機場看見母親很難過的掉淚，我只能頭也不回地往機門走出去。

幾年前母親到加拿大來探望我，第一天從機場回家，母親剛剛坐下來就開始叨念我：「你啊，看家裡亂七八糟的，是不是應該把工作辭掉回來家裡好好照顧小孩？」

以我以前的脾氣那可是一翻兩瞪眼，我就發脾氣的。然而，那一天我選擇先離開現場去洗衣服。幾個小時後再回來跟母親面對面，第一次很勇敢地表達自己，我告訴她：

「媽咪，我知道你是關心我的，但是，兒孫自有兒孫福，請你允許我用我自己方式經營我的家庭、走我自己的路。你看看我的孩子也都養這麼大了，沒出什麼大差錯，所以，我肯定是哪裡做對了，不是嗎？我是不喜歡在家裡打掃、煮飯，但是我喜歡帶著孩子一起運動、一起畫畫、一起旅行，我決定選擇自己會做的，而不是勉強自己去做我不喜歡也不會做的事，除非我又要回去以前那個很不快樂、很不健康的我。」

從此，我跟母親變成了好朋友。我們不再是誰管誰，而是一起分享

我們個人的生活故事。

　　我的老三上高中那一年我也經歷了一次青少年的叛逆。老三堅持不去他好不容易才考上的高中，也不去兩個哥哥們以前讀的公立學校，而是想去讀離家比較遠的天主教學校。我十分不理解他的選擇，所以不斷地試著要說服他改變主意，知道兩個月之後的某一天在車上，我們又談到這個問題時，老三開口說：「媽媽，你為什麼就不讓我選擇走自己的路呢？」

　　頓時，這話彷彿似曾相識？我自己在上高中的時候，為了不去念彰化女中而堅持留在第二志願的精誠中學而第一次引發家庭革命？

　　突然覺得這一切好像我母親說的：「報應」。

　　每次開始催眠，我會跟人玩一個遊戲，那就是「時間門」。

　　記得三十四歲時，陳勝英醫生催眠我，他也跟我玩這個遊戲。

　　我聽見陳勝英醫生的指令：「現在，我數到十，你停下腳步，把正在你旁邊的那個門打開了，你就會進去一個童年美好的回憶裡，並且如實地再度感受它。」

　　我突然跑進去了上幼兒園時，我五歲吧，那時跟爺爺奶奶住在員林的鐵路局宿舍。而我的人就如實地站在那個宿舍裡頭，每一個傢俱、門窗、門前的小樹都是那麼地真實。那個三十四歲的我站在外頭看著眼前這一幕。我同時也是眼前這一幕戲裡的五歲小女生。催眠下我同時在經歷兩個角色。我非常清楚地感覺到那個太陽很大的夏日午後。

　　我這麼敘述給陳醫生知道我當時在哪裡。

　　「有一陣子了，爺爺的心臟不好，記得飯前聽見奶奶跟一個鄰居說

起一種草叫做『益母草』。我大聲跟奶奶說：『阿嬤，我知道哪裡有這種草，我去摘給你。』午後，我找來一個同伴，也是個女孩兒，我們騎著爺爺給我買的小小紅色三輪車就跑了。」記得在催眠裡我整個人都回去了那個五歲的夏日午後，很熱。

我還記得我留著一頭短髮，穿著小短褲和花上衣，很賣力地在大太陽下騎著車。往前，路上沒有人也沒有車，很安靜。我又看見那棟白色的衛生所，記得拐彎往右進去旁邊的巷子。到了。路邊全長滿了我要找的草。同伴和我忙著摘了一堆草，堆滿了小三輪車的後座。回到家奶奶好高興，直說我很乖。她逢人便說我這個孫女實在很棒，懂得找益母草給爺爺治病。

催眠下，我的意識心又跑出來了，它說：「哇，這三十幾年前的事了，怎會在這時候跑出來啊，真是神奇啊。」

我的大腦正要開始要執行它平日分析的習慣前，突然一種情緒先湧上心頭，那是一種令人束手無策的、無法抵擋的、洶湧而來的想念。想念早已離開我的爺爺奶奶啊。這時候淚水早已經決堤般流下來。我告訴陳勝英醫生：「爺爺，走了。第一天守靈的人是我。」（按：即便是此刻正在寫這個故事的我，常常都是淚流滿面的。）

我的潛意識突然把我帶到爺爺的離開那一天，我在醫院為他按摩。然後再往前一天，他還能跟我說話的時候，就坐在病床上，他說：「我很多年沒去過台北了呢，好想陪你一起坐火車去台北。」然後畫面順勢跑回到小時候，我極少數的可以外遊的經驗都是跟火車有關。因為那時候爺爺是員林火車站的副站長，搭火車是免費的。

我記得陳勝英醫師下了一個指令，他說：「現在，乘著火車，把所有你跟爺爺奶奶的美好經驗全部收回來，所以每當你在清醒時需要這股能量的時候，它們就會快速地、輕易地發動出來幫助你。」

　　我進去了火車上，火車正在通過一個接一個的山洞，外頭很黑，但是我不害怕，因為爺爺就在我旁邊。火車到了豐原，我們走路到姨婆家。回家時又坐上另一部往南的火車，火車仍然會經過剛才那一連串的山洞，每經過一個山洞我都很興奮，就在車廂裡跑來跑去。也許，爺爺帶我搭火車就這麼一次也說不定，但是，我總是覺得自己的童年都是這麼被累積起來的。

　　陳勝英醫師這時候下了一個暗示語：「現在，去看看那時候有什麼遺憾的？沒做好？趁這個機會再度回去彌補、改寫吧。」「咻」的一下，我突然跑到奶奶的死亡。

　　我當時帶著三個幼子住在加拿大，先生在中國出差，雖然聽到奶奶病危的消息，但是卻回不去台灣。沒有人可以幫我，我心急如焚。這時候畫面跳到1989年我即將出國唸書之前，我跟爸爸媽媽去員林鐵路宿舍看奶奶，奶奶哭了，她說：「美國這麼遠，我想等我死了的時候你都不會回來看我啦。」我安慰她：「奶奶，現在飛機很方便啊，我可以回來看你的嘛，說什麼傻話。」

　　最終，我是沒回去送她最後一程的。我一直記得這件事，過不去。

　　陳醫生下指令問我：「由這件事情的發生，你學習到了什麼？」

　　我說：「學習到『要珍惜』，珍惜每一個時候。」

　　陳醫生說：「How（如何）？」

我回答：「在每一個當下，去看見快樂和幸福。」

這時候的畫面突然跳到1991年我由美國回到台灣的大學教書，有一陣子幾乎每天中午我都跑到奶奶家跟她一起吃午飯。時間到了奶奶都會先在她家門口佔據一處停車位給我，就站在那裡等著我到來。然後我就每天去街上買一種我喜歡的食物回來。奶奶就在一邊看電視陪我吃飯。

我：「啊，原來這就是幸福。」

陳醫生：「什麼是幸福？」

我：「每一個當下，我都要自己去看見幸福。我並不需要去製造幸福，只要去發現它就好了，幸福一直都存在我們周圍的。」

那次的催眠陳醫生幫助我跨越了一個多年的障礙，也就是我對奶奶的往生的遺憾。後來有一年我如父親的、也是唯一的姑丈突然因事故受傷，生命進入最後彌留狀態。我竟然在接到台灣來的消息四個小時之後就已經安排人照顧孩子、訂機票、上了清晨一點的長榮飛機。在飛往台灣的十五個小時裡，我很難入睡，因為突然覺得自己已經近五十歲了，怎還做這麼衝動的事？直到清晨飛機在桃園國際機場降落的那一剎那，我終於明白了：原來我是為了圓自己的夢回來的。我答應奶奶要回台灣的，但是，當年我未曾履行承諾，現在，我回來了。為自己圓滿一個承諾。

這就是催眠給我的力量。

據我自己的親姐姐以前跟別人介紹我的時候都說：「這是我妹妹，她是一個凡事虎頭蛇尾、有一百件事想做然而一百零一件事都不會完成的人。她也經常生病，常常要跑醫生那兒。」我知道，我變了。我被陳

勝英醫生改寫程式了。我變成一個很健康、凡事很積極而且執行力很強的人了。

　　五十幾歲的我再回過頭來看以前，才慢慢體會到自己的父母當時是如何地放手，讓我第一次由中部到台北上大學、第一次自己搭飛機去美國讀書，一年半之後再台灣。他們是如何地掛心我？又如何地慢慢放手，讓我得以高飛？我是如何讓父母放心的？所以，我應該如何對自己的孩子放手？應該如何信任他們？信任是一股力量，它讓我勇敢地展翅高飛離開父母，每一次都越飛越遠，現在竟然來到連父母當年都無法想像的北美。

　　我得感謝父母的身體仍舊健壯不需要我太操心，那麼，我是不是也應該好好照顧自己的身體，所以我的孩子們在展翅高飛的時候能專心一意呢？

　　在對孩子放手的過程，我看見自己。

個案：無解的病痛

從北京過來看我的袁阿姨剛剛離開診所，明天她就要回去中國了。

看著她今天離開時帶著的笑臉，跟她第一次來的時候很不一樣。

記得第一次看見她的時候，她因為身體的各種病痛而整個人皺眉苦臉，聽帶她來的姐妹說：袁阿姨身體不舒服到極點，整天都不太願意出門、也不願意跟人打交道，就是成天喊痛。這裡痛那裡痛。一年來到處看醫生、做檢查，但是都給不出一個有效的答案，只看見吃的藥越來越多而已。

她來到我的診所後有一半的時間都在抱怨現在的兒子和媳婦，說他們如何不會教養小孩，她只好代替他們，例如教一年級的孫子背九九乘法表，但是媳婦出面說西方已經不這麼教孩子了。自從有孫子後她與兒子媳婦之間的矛盾指數增加，所以她只好回北京去，眼不見為淨。

但是，真的可以眼不見為淨嗎？身體是不會說謊的。

我在催眠下帶領她如何放鬆自己，我指出幾個身體的穴位地方，然後教她如何在睡前用一些技巧來按摩自己，再開始做心靈的放鬆。這是第一步驟。

第二步驟就是用回溯催眠法找到內心可能堵塞之處。

當我暗示她：「現在請把你的注意力放在身體最不舒服的地方。你現在可以把你的右手放在它上面。」

我繼續引導她：「好，現在，你可以告訴我這裡有什麼感覺嗎？」

袁阿姨：「很沉重、有一點疼。悶悶地。很像有個蒸籠在裡面蒸著東西一樣，熱熱的。」

我：「好，像有個蒸籠在裡面蒸著東西一樣，熱熱的。那使得你想

到什麼？」

袁阿姨：「我的婆婆在做年糕，快過年了，那天天氣很冷，外頭在下雪。」

袁阿姨說突然嚶嚶地哭了起來。

我：「這裡發生什麼事呢？」

她：「我剛剛生了兒子，婆婆堅持要我回去他們鄉下的家給我坐月子，我總是嫌她煮的菜不好吃，我幾次故意不吃飯了，她也著急，要我老公從城裡寄來一些我愛吃的食物，老公那時候還在北京教書，沒能過來陪我。」

我：「婆婆對你不好嗎？所以你哭？」

她：「不是的。為什麼我就不能給她那一批布料？她那麼喜歡，就只有這一塊布了，我為什麼當時不給她算了？」

原來故事是這樣的。

袁阿姨說她生在北京市，她總是嫌棄公婆是鄉下人，不懂得煮飯、沒衛生概念、更沒有生活品質。當時中國一切民生物資都是由糧票控制的時代，她得到一批布，婆婆明明很喜歡但是她就是偏偏不給婆婆。

當時袁阿姨跟老公每個月掙得六十元人民幣，老公建議她是否給公婆每個月寄去三十元當家用，她不肯。結果還是她的父母給出這筆錢。

袁阿姨在催眠下一邊哭一邊說：「我怎就這麼小氣？連三十元都不願給？」她哭得很傷心很傷心。

停了一下我問：「這裡還有什麼要說的嗎？」

袁阿姨：「我覺得現在我的媳婦就嫌我是老太婆，嫌我教育孫子的

方法不新潮、落伍，他們結婚前設計讓我出錢在加拿大買了屋，現在竟然說地方小不願我過來跟他們住，但是她的爸媽就可以來住。我覺得我是報應啊。」

她一直哭、一直哭。

我：「如果你現在就在過去，你最想跟公婆說什麼？」

袁阿姨：「謝謝你一直照顧我、容忍我、你們對我真的很好，雖然物質上很匱乏但是你們已經盡力了。謝謝、謝謝、謝謝。」

她後來又說了：「我希望我的公婆能夠信任我們，讓我們自己照顧我的兒子，我知道如何教育和照顧他的，為什麼他們不相信我？」

我暗示她：「你能夠跟你婆婆溝通一下嗎？」

袁阿姨：「我婆婆牽著我的手，她說，我以前為了疾病而失去一個孩子，所以我才會那麼擔心你們，你現在能夠體諒我嗎？我們現在都很好，你不要掛念，你要自己好好照顧自己和老公的身體，你們才是最後要一起生活的夥伴。去公園裡運動，你會很喜歡。」

袁阿姨醒過來後跟我說：「很神奇耶，我知道我跟兒子最大的問題是什麼了，我根本當他還是個孩子，我恐怕是管得太多了。」、「最近，的確有以前的同事要我們一起去廣場運動，我本來還在考慮呢！我決定要去參加他們。」

英語有個俗語說：「答案，就在問題的種子裡。（Answer is inside the seed of the question.）」

曾經有人問過我：「Sunny，透過催眠重新回想過去或前世，就真的能夠改變這一切嗎？」

我的回答是：「如果就愛因斯坦的『時空論』，他說時間和空間其實是一種不存在的幻象，時間只有一個，那就是現在。那麼，透過催眠可能不只是『想到、回憶』過去而已，而是細胞真的『進入』或者『跳躍』到『過去或未來』去重新體驗整個事件，但是此時被催眠中的自己因為經驗已經跟多年前不一樣了、比較成熟、事件也發展多年了、或者現在的年紀比較大了，所以更能夠理解事件的來龍去脈，所以才夠在重新體會一次事件時，出現比較有智慧的理解，進而能夠有機會再一次去選擇一個不一樣的作法，賽斯也曾說：當『過去』被改變之後，其『現在』和『未來』也會被改變了。」

　　很久之後我在微信上跟袁阿姨聯絡時，我問她：「袁阿姨，近來好嗎？」

　　她回答：「你給我催眠以後好多了，現在在加拿大帶孫子還要做家務，比較忙，所以感到很吃力，肚子有時還痛、有時好一些，但是比以前進步很多，很謝謝你，Sunny。」

　　很高興也聽見她與兒子和媳婦的關係正在好轉，而一切都是因為她自己改變，而其周圍的事件一定也會跟著改變。

　　賽斯在《個人實相與本質》提到過：「舉個例子，如果你病了，必有其原因。要想徹底地恢復而不患上新的症狀，你就必須要找出生這個病的理由。你可能並不喜歡你的病，但是這個病卻是一個你所選擇的『路線』或『方向』。只要你一天認為這個方向有其必要，這些症狀就會一天留在你身上。

　　生這個病的原因，或許是由於某一個特定的信念，或是多個信念複

合在一起的結果。

　　當然，這些信念對你而言會像是一個事實，而不像是信念。你一旦瞭解是你造成你的實相之後，你就得開始去檢驗一下這些信念，即藉由釋放自己的意識心，讓它自由自在地審查它自己的內容。」

　　「如果你在這個自欺的遊戲中有所醒悟，而改變了自己的信念，那麼任何適當的『被遺忘掉』的事件都將被你用為一種觸媒劑。每個都很好用。」

　　回溯催眠裡面從潛意識心自動升起的記憶，都是當下最有用的觸媒劑，它們潛伏在潛意識心裡很長久一段時間，等待最好的時機被再度啟動，終點往往不是事件內容是我們面對事件的態度，態度轉變了就可以輕而易舉地把心裡面的壓力放下，這才是真的放下。宗教也許不斷地叫人要「放下」，然而大部分的人與其讓情緒自然流動起來，只是把情緒壓抑下去，壓抑下去的東西並沒有被解決，那個只是自己跟自己說「算了」。在催眠下重新獲得一次機會去選擇不一樣的解決方法或不一樣的態度來面對挑戰，情緒才會自然流動起來。這才是真的放下啊。

　　在這裡疾病有時候只是一種媒介，藉由疾病的發生我們才有機會去審視生活裡到底出了什麼問題。疾病，原來是要幫助我們再度回到健康，而非趕快把病醫好，回到以前的工作、回到以前的生活模式。難怪症狀會復發。

個案：尋找一個前世的愛

愛，會再回來。

美莉經由一位她的老師陪同來到我的診室。

第一次見到美莉時，她的精神狀態不是很好，她對我敘述的問題是：睡眠品質不好、每一次搬來家裡的租客都很差勁很吵、屋子亂七八糟、想做的事沒法做、移民到加拿大一直找不到自己可以發揮的地方、先生很不體貼、想離婚，雖然有個十七歲的女兒，但是很怕女兒死掉所以不讓她隨便出門，有時候她跟先生一起出門時就索性把女兒反鎖在家裡，理由就是怕她到外頭玩被車撞死等等。女兒實在也受不了母親不合理的管制，所以常常跟她起衝突，離家出走了幾回。

面對這麼多的抱怨，我要從哪裡開始？

我讓她在催眠狀態裡做一次家族排列，看了排列後的結果，我就知道要從哪裡開始著手。我們從女兒最後一次離家出走開始進去催眠，我讓她回溯整個事件前前後後，然後從她見到女兒深夜終於回來進入家門那一剎那，她全身發抖。

我接下來用催眠裡的長廊法[6]，暗示美莉把時間往前推倒某個前世，然後問她一個她在面談時都沒提到的事：「家裡有什麼人往生了？」

雖然在面談時沒有提及，但是催眠下跟這個議題有關的記憶立刻浮現出來，潛意識永遠知道問題的根源在哪裡，所以它會在第一時間把問題呈現出來。

---

[6] 「長廊法」是一種催眠技巧，目的在利用像是帶領被催眠者走一條很長的走廊，然後在這個過程製造出不同時間的門，由被催眠者自行選擇進入任何一個相關的場景，最常用來做年齡回溯。

「哇」一聲，美莉痛哭了起來。一開始催眠的時候她都處在歇斯底里的狀態，不斷地大哭、拳打腳踢，非常痛苦的扭曲著臉。這個狀態是我在教授催眠師課程裡著墨很多的一部分，一般來說，初學者如果沒有充分的經驗和把握，遇到這種情況就應該平靜被催眠的心情，然後引導她，讓他清醒過來。

　　在這個例子裡，我也是暫時引導催眠狀態下的美莉「暫時離開」第一人稱的位置，到第三人去做觀察，然後報告她的觀察經過。

　　整個故事是這樣的。

　　現實世界裡的美莉有一個十幾歲的女兒，來看我之前她一共自行流產了四次。因為，在她的意念裡，她認為自己應該有一個龍子，而今年就是龍年。更早之前她就開始不斷讓自己懷孕，但是只要是預產期不是落在龍年，就自行流產。

　　這時，美莉在催眠裡指著我診室左邊的角落說：「在那裡，在那個垃圾桶裡面，我把它（指流產的胚胎）丟到那裡，在那裡！（她用手把眼睛遮住）我不敢看，我不敢看。」她一邊哭著說。

　　我暫時將她的情緒安撫下來，讓她平靜地去觀看發生的事。

　　當我帶領她到一個前世，她來到二次世界大戰的英國，這個她有著金色的頭髮，高挑的身材，她正在醫院裡照顧傷病，她是個護士。

　　美莉低聲地說：「哇，好臭，這裡好臭。」

　　我問她，什麼好臭？

　　她說：「病人，到處都是受傷的阿兵哥，人太多了，走廊的地上都躺滿、也坐滿了傷兵，好臭哦。」

接下來，當我引導她到重要的記憶時，她的眼淚流下來了。

我問：「你在哪裡？發生什麼事？」

她說：她的兒子是個醫官，被派到戰場不幸犧牲，遺體被送回來家鄉，她正在喪禮上，這個兒子屬龍，就是她一直在找的龍子。

我引導美莉走完悲傷的情緒，最後問她：「這一世為何要經歷這個事件？你學習到什麼？有什麼要跟我分享的嗎？」

她說：「戰爭很恐怖，不要戰爭，要愛和平，戰爭永遠不會帶來和平。」她說話的速度很慢，可見她進入很深的催眠狀態，這是進入不同時間架構的正常情形。

「我要學習如何看待死亡，這也是我喜歡當護士的目的，但是，當我是護士的時候，我看了很多死亡，但是那一世我並沒有學會死亡是怎麼一回事。學校從來沒教我們這個課題，父母也絕口不談死亡。兒子，是我的一個老師，老師來教我如何放下。」

我讓她在催眠狀態裡花一點時間跟前世的兒子道謝、道別，並且暗示她在徹底瞭解那一世的課題之後，把那個情緒放下，留在那一世不要再帶過來這一世。

這時候，我看到的美莉的確非常不同於剛剛走進來時的她，她的臉龐此時散發著一道光，安靜而深沈。

當她醒過來後我們談了一下催眠裡頭經歷的事件，她告訴我：此生的她非常沒有安全感，尤其是對於自己的孩子。偏偏這個女兒在大學畢業之後自願到日本去工作，這件事其實就是整個事件的引線，把美莉前世的傷痛引爆出來，導致她開始懷疑孩子有人身安全的危機、不相信他

人、自己也非常沒有安全感，一直認為自己應該有個龍子。

　　我一共見了美莉三次，最後一次見到她的時候是離第一次見面的三個月後。我在前台去找她時簡直無法相信自己的眼睛。我認不出來眼前這個丈夫陪在一旁，舉止美麗大方又很優雅的女士就是美莉。

　　她的丈夫見到我就一直跟我握手說：「謝謝，謝謝你。還給我一個快樂的另一半，那個我認識的美莉回來了。」

　　離開前，美莉和我互相擁抱了許久，我輕聲在她耳朵旁說：「你的人生會越來越好。也許還會有很多挑戰，這就是人生，這是你的人生，沒有人可以代替你學習，但是請記得，我會在一旁陪你、祝福你。」

靜心時間：放手的藝術：紀伯倫的詩《孩子》

　　現在，將你的坐姿調整一下，找一個最舒服的姿勢，但是也不會彎腰駝背地屈著身體，把你背部挺直，深深地吸一口氣，再來一次，一共做五次深呼吸。

　　然後恢復正常的呼吸，請看著下面這首紀伯倫的詩：《孩子》。

　　請你一個字、一個字慢慢地唸出聲。

> 你們的孩子並非你的孩子，
>
> 他們乃是大我渴望經驗為「兒女」而來的，
>
> 他們藉由你來但不是你所造的，
>
> 雖然他們與你相伴但不屬於你。
>
> 你可以給他們愛，但不是思想，
>
> 因為，他們有自己的。
>
> 你可以庇護他們的肉身，但不是他們的靈魂。
>
> 因為，他們的靈魂住在明日之屋，
>
> 你無法造訪，就連夢境也到不了。
>
> 你可以試著模仿他們，但是別想他們能夠像你。
>
> 因為，生命的步伐永遠不是往後倒退或者停留在昨日。
>
> 你是弓，孩子是藉由你的弦發出的生命之箭。
>
> 發箭者在無極的旅途選中目標，
>
> 他以神力將你引滿，好讓箭能迅速而遙遠地飛去。
>
> 喜悅地當那射手彎曲的弓吧，因為，

神不僅愛那飛出去的箭，也愛那安靜的弓。

（Sunny Tsai譯文）

結束後，把你的眼睛閉上，再回想一次你剛剛讀過的那一首詩，只是用你的心去感受。只是安靜地回味你剛剛讀過的東西，把它放在心底。

原文：

〈The Prophet〉by Kahlil Gibran

Children

Your children are not your children.

They are the sons and daughters of Life's longing for itself.

They come through you but not from you,

And though they are with you, yet they belong not to you.

You may give them your love but not your thoughts.

For they have their own thoughts.

You may house their bodies but not their souls,

For their souls dwell in the house of tomorrow, which you cannot visit, not even in your dreams.

You may strive to be like them, but seek not to make them like you.

For life goes not backward nor tarries with yesterday.

You are the bows from which your children as living arrows are sent forth.

The archer sees the mark upon the path of the infinite, and He bends you with His might that His arrows may go swift and far.

Let your bending in the archer's hand be for gladness;

For even as He loves the arrow that flies, so He loves also the bow that is stable.

看不見的信念

如果你瞭解愛的本質，你也就能接受恨的感覺。
「肯定」能包括這種強烈情感的表達。

以一種很奇怪的方式，恨是一個回到愛的方法。

未受干擾地表達了的話，恨的作用是要傳達存在於
與所期待的（人、事）之間的一個分離。這個恨的意思
是要把你的愛再得回來，它的本意是要使你傳出一個訊
息，而聲明你的感覺，可以說是澄清誤會，而把你與你
所愛的對象帶得更近。

——賽斯書

選擇，人生是一連串選擇，一大早起床就面臨選擇。如果你要選擇快樂的一天，那麼對於會令你不快樂的事就絕對不要妥協。

　　即使這一天你被朋友背叛、離棄。那麼就告訴自己：「我願意讓那位對我不再有益處的人離開我的生命，所以我就有空間讓下一個好朋友進來我的生命。」

　　生病的時候就告訴自己：「生病是暫時的，它讓我停下腳步好好思索身體傳來的訊息，我現在所做的每一件事都是在帶領我回到健康。」然後好好想清楚自己生病的原因，為何需要生病？可以做什麼來改善目前的狀態？你是從哪裡走到現在這種生病狀態的呢？好了之後，你會不會再回到原來的地方？生病了所以你可以……？這裡一定有一個「益處」，否則你的身體不會製造生病來害你，你的身體是你的信念的執行者，它只是依照你的信念而做。於是，你就可以繼續與快樂同行。

　　選擇、選擇、選擇，要不要快樂是你的權利，不要把決定權交給別人，你有權利選擇要用什麼態度來面對眼前的挑戰。如果你覺得自己是受害者，那麼，你也是選擇自己要當「受害者」的角色。如果，有一天你決定不要再留在同樣的地方，那就可以改變。不要等別人幫你改變，改變是你自己的事，沒有人可以代勞。

　　賽斯一直強調：是我們的信念創造我們的實相。

　　然而，這個叫做「信念」的東西到底在哪裡？

　　科學家說：在我們的潛意識。

　　潛意識是看不見的嗎？

　　它並非看不見，然而，我們卻一直把「信念」當成「事實」，賽斯

說，我們很自然地把信念當成「基本假設」。

　　一群人可能會有一個共同的基本假設，例如在中國文化的舊社會「離婚是一件敗壞門風、丟臉的事」，然而現代單親家庭就顯然很常見而且被社會接受。一如同性婚姻儼然開始變成「可以拿出來談論」甚至正式被立法通過，我們的共同假設是可以被集體同意而改變的。還有一種是個人的基本假設。

　　例如，如果你已經有自己的婚姻和家庭，你可能會堅持：當母親的就是要為家庭犧牲、凡事要把孩子老公擺在第一位。

　　或者，一個稱職的先生就應該是體貼、要負責家計、要如何如何。

　　當孩子的就是要聽話、要會讀書。

　　所以當你發現你並不喜歡依照你原有的基本假設，把自己一直放在一定的角色中。或者，漸漸發現你的另一半還是你的孩子不是依照你的基本假設那樣的話，妳就變得不開心。

　　來到我的辦公室，你說：「為什麼我的老公這樣對我？」、「為什麼老婆不能體諒我工作辛苦，我回家的時候少一點嘮嘮叨叨？」、「為什麼我的孩子處處跟我作對？」、「為什麼他們選擇科系的時候不聽我的建議？」

　　然而，你可能從來沒有發現過你把這些個人的信念，或者說是基本假設當做了事實。這些基本假設可能只適合你自己，與他人的不一樣、也不適用。

　　就像很多人嘴裡老是說：「我很胖，我需要減肥。」不管這個人是否真的很胖，這對他來說永遠是一個事實，除非他自己先改變信念。

賽斯說：「除非我們先把這個事實認清為個人的信念，否則你無法改變。」

　　我們一直把某一套信念當作「事實」來接受，所以，當我們跟我們的信念所創造出來的實相面對面之後，卻把它看成外星人了。以為命運怎麼這麼捉弄人，平白無故降下來一個難題給自己去面對，很不公平啊。

　　我們的「信念」可能對我們而言是「看不見的」，因為我們把它們當作是關於實相的「事實」而非對它的信念，所以我們接受，但是卻不是心甘情願的。

　　例如遇見關係挫折的人，一位有宗教信仰的人跟我說：「沒關係，這是我前世欠他們的。」、「反正這一世還了，誰知道還有沒有來生。再不跟他們一家人就好了。」

　　她還說：「我以前一直都把我的家庭、我的父母、兄弟姐妹擺在第一位，我做什麼都是為了他們，因為我的父母從小教我，我是老大、我應該這樣、我應該那樣。但是直到現在我發現，我的父母最疼的還是那個唯一的兒子，我弟弟。我其他的兄弟姐妹都那麼的自私，他們從來沒有想過別人、為別人著想。我現在也看開了，我不再只是關心他們的想法，我要把我自己擺在第一，我不再什麼事都為父母著想了。」

　　然而，這決定不是開悟，這是悲觀的壓抑、接受。

　　我說：「你的『看開』其實只是一種忍耐，其界線在哪裡？」

　　很多人最後生病了，如果忍耐只是把問題壓抑下去，而不是真的理解和接納，那麼，這個火山何時要爆發，有人知道嗎？

我記得陳勝英醫生在催眠我的時候，我曾經進入我九十二歲的未來，看見自己可能的樣子，我那時候在做的事。

　　那一幕是：我九十二歲了，是一個瘦瘦的小個兒的女士，顯然我的身高縮水了，哈哈哈。那是一個小型的、音樂廳之類的建築物，我上台接受一個頒獎，在台上我看見我的家人都坐在前排。在台上，我抬起頭來對著空中只說了一句話：「感謝老天，打開一扇門讓我得以偷窺。謝謝。」

　　我永遠忘不了這可能的未來的一幕。

　　記得有一個初春，我又陷入婆媳的難題，婆媳問題也是我此生最大的功課。那天心情很不好。我跟我的一位好朋友來到森林裡打坐，記得那時五月天氣還很冷，地上的雪很多都尚未融化，我們就近找了一個比較乾燥的樹下坐下來。我的朋友敲打著印第安鼓，我突然抬起頭來看見陽光穿過那些高大的樹林，想到那個九十二歲的自己。想像那個老了的我正回頭望著在樹下打坐的、五十歲的自己，那個我並且問了現在的我一句話：「如果，你能夠走到我這個歲數，九十二歲，當你再回過頭審視過往的人生時，那麼，在那些過程裡有什麼事件或人對你的靈魂成長是最重要的？或者有些根本是不重要的，你卻沒有將他們放下的？」

　　那一剎那，我恍然大悟。

　　家人暫時的不諒解，對我整體的人生學習重要嗎？

　　孩子今天數學課有沒有拿A，比他的身體健康還重要嗎？

　　孩子今天能不能上哈佛大學和身心是否健康、找到他此生最喜歡做的事，哪一個比較重要？我很喜歡家族排列的海寧格大師說過的，一個

關於信任生命的流動。

他說，回歸空無，一個回歸空無的人是無慾也無懼的。

以此信念，我在NGH催眠師訓練課上經常提醒學員們：事實上我們對個案並不需要採取任何干預的行動，事情就會順著它們自己的自然法則排列得井然有序。對一個治療師而言，這才是合宜的態度——回歸空無的中心。

在催眠個案的過程，你要讓個案明白的是：他們不需要閉上眼睛才能到回到那個空無的中心，因為這個空無的中心一直與我們每個人相連，它未曾對我們封閉。作為一個療癒師你要無懼地回歸空無，信任生命的自然流動這一點非常的重要。當你引導個案進入這個能量自由流動的中心，你和他都要能信任，你和這股力量是相連的。催眠師要願意打開心，連結時就會很自然地、突然出現解答的意象、一個圖像、或者是一個直覺，而這些直覺便是你要跟隨的。當然，你也可能出錯，這點是無庸置疑的。不過，錯誤本身則會透過一個隨之而來的回聲進行自我修正。換成海寧格大師對於療癒者的詮釋，身為催眠師的我在從事這份工作時，並非是那個最完美的人或神，也不該在任何方面被視為是比個案較優越的或高尚的，催眠師需要是穩定的，能安靜地處在這個信任的中心，療癒就會成功。

臣服在這裡是很重要的。無所欲求的、信任的態度讓我們得以接受每一位前來的個案的原貌，能接受他們生命的原貌，也就是接受命運的原貌。我們不是神，所以沒有人能操縱命運，只有命運本身所擁有的強大力量才足以改變命運。

所以，所有的療癒師不過是陪在個案身邊，同時提供一個空間讓個案安住在其中，並陪伴他們找到自己的力量的人罷了。

　　「家族排列」海寧格大師說：無所為地陪著病人，這才是能真正左右大局的事。

個案：什麼最重要？

克絲汀懷了老二，快要生產了。我請她來NGH催眠師訓練的課堂上做催眠示範。

她說希望改善跟她與父母的關係。

她的婚姻是異國通婚，父母從原生的國家前來跟她住一起，她覺得很多時候父母都是帶給她麻煩，而不是協助，他們根本不知道如何溝通，但是父母又很愛批評她做的每一件事。

在催眠狀態下我讓她先回溯一段小時候快樂的記憶，我說：「請回到你小的時候，尋找一段快樂記憶，也許是七、八歲或者三、四歲的時候，你跟家人在一起的情景。」

她記得以前家裡開糕餅店，所以自己很小的時候就要在店裡幫忙，爸爸媽媽似乎都只是忙著賺錢，他們不太說話，家裡每個人似乎都是各忙各的，沒有太多交集。我希望他們能多一點時間關心我在做什麼，學習上有沒有困難？但是，他們好像都幫不上忙。實在想不起來那時候有什麼其他快樂的記憶。

不過，她的潛意識立刻把這個情景連接到目前她的家庭。

她說：「我看見老公有空的時候都一直待在車庫忙他的事，我就在家裡面也忙著滑手機，孩子在一旁自己玩。天哪！我現在的家庭關係簡直跟我小時候和家人互動一模一樣啊。這一直是我想要避免的，現在確實變成我眼前自己的婚姻模式。我常常覺得他們很麻煩，為什麼要管我做這個做那個？我根本沒辦法達成他們的要求。但是，我也看見我老公，他一直在我身邊默默支持著我。他的父母從來沒給他一個所謂完整的家庭，他一直在我身旁，也願意照顧我的父母。我覺得他很偉大。」

我相信潛意識一旦被啟動，很多有智慧的答案和訊息就會被推到眼前來。這時候語言是不需要的，因為我們的潛意識會自己決定。

　　我暗示她的潛意識回答以下幾個問題：

　　「問你的潛意識，當你看見你的父母親，有人愛過他們嗎？你從他們身上學習到關於夫妻和親子之間的愛是什麼？你覺得可以為自己的家庭做些什麼讓它更圓滿嗎？」

　　「讓你的潛意識帶領你看見你身邊的老公，他從你的身上得到什麼是他沒從他原生家庭獲得的？他的陪伴讓你學習到什麼？你看見什麼？沒有任何對錯，只要是對靈魂的進化有幫助就可以。」

　　我引導她慢慢往未來前進，最後來到一個時間點，那時候她的父母已經很老了。她說，她只看見自己的父親在病房裡。

　　我問她：「你有什麼話要跟你的父親說的嗎？」

　　克絲汀淚流滿面。

　　我給她一段時間去跟父親表達心裡的話。

　　最後，我請她跟著我對著父親說一段話：「你是我此生永遠的父親，而我也是你此生永遠的女兒。你有你的人生旅途要走，我也有我的，請你允許我用我自己的方式來經歷我的人生，也許我現在還不明瞭我為何選擇你為我此生的父母，但是，我願意把我的心打開來接受它，認識它，我知道這一切都是為了我的靈魂更高的目的。感謝你。我愛你。」

　　我請她在催眠下想像自己給父親一個大大的擁抱，並且在醒著的時候也可以常常這麼想像，如果她還沒有真的感覺可以去擁抱她的父親的

話，用想像的也是可以的。

　　我給她一個暗示：「請你看著你的孩子，你對孩子的期許是什麼？這個跟你父母給你的有什麼不一樣嗎？」

　　再一會兒，我請她看著眼前已經年老的父親，再由未來的自己回首，問自己一句話：「如果你到了七、八十歲，回首看看你的人生，有哪些事是最重要的？」

　　我的暗示語只有：「將來只要你面對任何煩惱的時候，你都會這樣先問自己，對於你的靈魂的進化，什麼是最重要的。」

　　我看著克絲汀的臉龐，我知道有一些明瞭、一些真心的接受開始發生了。

　　醒過來之後，克絲汀告訴我，父母來自中國文革的動盪時代，他們的童年跟她認識的很不一樣，對他們來說，家庭就只是一個可以棲身之處，沒有其他多餘的了。父母看見她現在的婚姻，很為她高興於是也對她有很多期待。她原來對於生老二這件事一直都很不確定，原來自己很害怕自己沒有能力照顧好孩子，但是，在這次催眠之後，她看見先生的堅定的陪伴，以及自己這些年來的成長，如今自己已經開始一個穩定的職業，所以，她知道自己一定能夠好好陪伴她的父母，也能培養這兩個孩子的。她感覺這兩個孩子是為她的人生帶來學習的，她願意接受。

　　一段時間後，克絲汀給我捎來一個訊息，她說：「孩子出生，一切順利，今天，我送父母搭飛機回國，臨行的時候我不經意地、輕輕地走上前去給我父親一個大大擁抱，我們什麼話也沒說，但是我們彷彿早已

經明白彼此。我很高興這時候我能有機會陪我的父母，謝謝你幫我找回力量。」

　　有時候，路，要走的夠遠了，再回首我們才能看清楚一些事情。催眠只是加速它的發生而已。

個案：尋找愛

　　艾茉莉來到我的辦公室，她是一個演員，二十五歲。這兩年來臉上的青春痘問題很困擾她，加上她對於自己長期有很複雜的性伴侶的情況終於希望改變了。

　　她從小父母離異，他們各自又建立一段婚姻，母親雖然跟她距離很近，但是關係十分緊張，母親一直在生病。父親早就搬到其他國家定居，而且距離很遠。艾茉莉長大後一直跟奶奶生活一起，目前未婚，偶爾跟母親見面。最近她一直有個想法希望能夠跟自己的父親重新連結，甚至存了錢買機票飛過去探望父親。這個過程並沒有她想像中的喜悅。

　　她的父親根本不知道她的來訪計畫，當她原先只安排住在父親家一天而已，卻因為某些事的發生，最後她留在父親家三天。她感覺父親看到她還是很高興的，但是新的母親對她就十分有敵意，以為這個女兒是要來分家產的，她跟父親之間情感上其實存在著巨大的隔閡，這令他們很難溝通，她覺得父親一點兒都不愛她，更無法理解她。

　　我讓她慢慢進入放鬆狀態，並且把記憶帶回到小的時候，這時，她立刻回到三歲的時候，一個秋日的午後她跟父親一起在公園裡騎三輪車的情景。

　　「樹葉好漂亮，像是一幅畫，暖暖的陽光照在我的背，好舒服，也像是爸爸的大手牽著我的小手的感覺。」她這麼形容。

　　我暗示她，把所有她可能記得的或者早已經忘記了的，與父親有關的記憶儘可能回想起來，而且，在整個過程她會再度感受到父親對她的愛。艾茉莉想到的跟父親有關的記憶，幾乎所有的都也跟陽光有關係。

　　我讓她留在這個場景下，就像是在觀賞一幕往幼年時期倒帶的電

影，我建議她把每一個可能回溯的與父母親有關的美好記憶通通帶到意識裡，而且，在離開催眠之後，她也能夠記得更清楚每一個細節，並且理解這些記憶對她目前所要處理的人生的問題有什麼關係。

在最後，我讓她的潛意識幫助她去理解她的人生課題。

當我下指令讓她去尋找臉上長青春痘的問題時，她進入了跟父親的一個記憶裡。很多的回憶在這時候跑出來，包括父親曾對她說過，他在青春期時臉上長滿青春痘，所以他都不敢交女朋友，也變得很內向。

我：「所以，你長青春痘對你有什麼好處？」

她：「我要屬於那個家的一部分。」

她的眼淚也從沒有停止過。

最後，艾茉莉突然說了一句話：「That's it？」（什麼，就這樣？）

我問她：「什麼是什麼？」

她說：「原來，這就是我父親愛我的方式啊？原來我一直在做跟我的父親一樣的事，我想要成為他的一夥人。」

當我一頭霧水的時候，艾茉莉醒來後解釋給我聽，原來父親做的每一件事都是因為愛她，而這也是他所能表現愛的方式，雖然以前無法明瞭，在催眠下潛意識那個很有智慧的艾茉莉終於看清楚父親的表達方式。

還有自己跟異性的關係恰好也反應了她一直希望父親能夠接納她的心情，這樣做能夠讓她覺得她和他是「一夥的」、一家人。原來艾茉莉一直用這個方式在找回父愛。

這也就是我們說的「忠誠」。在潛意識裡我們很容易做出跟我們的父母一樣的行為，即使腦子一直討厭這樣的行為都會不由自主地重覆。

例如，很多男人都會說：我絕對不會娶跟我媽一樣的女人，可是往往很多男人的老婆跟自己的母親個性上都很像。

或者很多年前我聽過一種說法：「外遇會遺傳五代。」當初很不明瞭DNA裡面為何有這種我們很討厭的遺傳？

原來那就是一種「忠誠」，對於一個團體的、國家、家庭或關係的忠誠，就像我們到了一個國家，居住久了也會慢慢與之同化，在衣著、生活習慣、講話的方式都會漸漸改變成跟大部分的成員一致的方式，因為潛意識上我們也希望自己能被一個團體接納，屬於那個團體，所以我們很多的行為會在無意識間展現出來，然而，這裡並沒有對和錯，只有扭曲了的愛。

艾茉莉醒來後說：「爸爸那個年代是這樣長大的，他只會用他的方式來表達，我一直都以為他不要我了，其實他一直都很愛我的。我也理解他跟我的母親當年為什麼會離婚，我母親真的不是一個很容易相處的另一半，我一點兒都不怪我父親。當他知道我現在已經在做我一直喜歡的工作——演員，很為我高興，我看見父親這麼鼓勵我實在很高興。我一直在尋找的是父親對我的贊同，而我父親卻說：只要我是快樂的，做我喜歡的事，我無論做什麼他都很為我高興。」

我聽了也非常感動，往往在大腦被困住想不出來時，只要進入潛意識就可以一目了然，由更高之處觀看全域，明瞭生命中發生的每一件事原來背後都有一個更高的理由，這就是：覺知（Knowing）。

很多個月之後我接到艾茉莉的電話，她第一個宣佈的是困擾她很多年的青春痘竟然都痊癒了。還有她現在和母親的關係也轉變。前些日子

她去探望母親，他們的互動的方式竟然就像從來沒有發生過什麼事一樣，她的母親對她很好，但是她也發現母親的健康明顯走下坡，所以為了多照顧母親，她決定搬到跟母親同一個城市去。

很多時候我們都不必做太多的解釋，我只是陪伴我的個案，我不是神，我無法操縱命運，但是我能陪伴個案，把他們一些記憶從潛意識調出來，答案自然而然會出現。這就是我愛催眠的原因，絕對不是那個小小的大腦意識可以完成的。

靜心時間：你有選擇

請找一個安靜的地方坐下來，或躺下了，放一段沒有人聲的輕柔音樂幫助自己放鬆下來，讓眼睛閉上會比較容易安靜下來。做五次呼吸，每次吸氣的時候數一、二、三、四，然後一邊慢慢吐氣，一邊由一數到八。就這樣，五次。最後讓自己停在自然的呼吸裡，看著自己的呼吸。

現在，請你在腦海裡回憶任何一位你認識的人，年紀大約是七十、八十歲以上。想像他走路的樣子、講話或沈思的樣子。他的生命裡可能曾經為了一些事而生氣、換工作、或者變得不高興很久一段時間，或者從此就不跟什麼人講話了，或者他是一個平靜的長者，你在他的身上看見他一生的經歷，而這時候已經到了他的晚年，也許就是生命最後的階段。

然後，再來想像一個未來的你，你也到了他這個年紀，這是一個秋日的午後，你坐在一個自己很喜歡的地方，也許是客廳的沙發上、院子裡的長椅上、或者森林裡、湖邊都可以，你可以想像太陽照著你的背，很溫暖的感覺流遍你的全身。你的人十分放鬆，什麼都不必擔心，因為這是你一個特別的時間，你是來享受這個特別的時間，讓潛意識那個更有智慧的人來幫助你。

這時候發揮你的想像力，這可能是在哪裡？你在這裡做什麼？你的身旁可能有什麼人嗎？到那個場景去，想像如果這是你生命的最後一天。

然後，想一個你目前生命中正面臨的、或者曾經遭遇的難題，那是什麼難題？人際關係嗎？健康嗎？工作或者只是朋友的事情？它如何影響你？

回顧一下這個事件和它對你的影響，你對它的感覺如何？

安靜一段時間之後，做幾次深呼吸。

然後，讓自己再度回到這個年老的，走到生命盡頭的你，記得嗎？在一個秋日午後坐在椅子上。感覺身體的年紀，比現在老很多或一點？你走過一段長長的生命，經歷過很多很多挑戰，也成長很多的未來的你。

現在，問自己一句話：

> 眼前這個挑戰，現在由這個角度看起來，它對我的生命，很重要嗎？

讓答案自然地浮現上來，任何片段、感覺、影像或聲音都可以。如果現在沒有找到的話也沒有關係，等晚上也許你會透過夢境、白日的突來的靈感、白日夢或者突然出現你眼前的一幕景象或一句話或一篇文章，你會得到潛意識送上來的答案。

最後，結束以前，在你很安靜的時候，對著自己唸一下這句話：

> 明天，也許我會有更好的辦法，但是，我今天已經盡力了。
>
> 我愛和接受現在的我。

最後你可以讓自己慢慢地睡著，或者休息一下再醒過來，你就會感覺彷彿自己休息了很長一段時間，而這是你的身體現在所需要的。感覺十分有精力也十分平靜。

· 我的紀錄 ·

她想要一個龍子

「催眠這個名詞只不過是指一種相當正常的狀態，在其中你集中你的注意力，縮小你焦點的、思想的或信念到某一個特別的範圍而已。」

「催眠只是一種集中注意力的狀況，在其中，你貫注信念於之上。」

——賽斯書

催眠是跳過意識心，直接到達潛意識做精神分析的活動，也就是窄化一個人的焦點，把目前暫時不需要的訊息刪除掉，使其注意力集中在特定的主題上面，並且藉由催眠技巧跳過那個很偏執的、批判的意識心，到達潛意識找尋個人與意識心有相互衝突的信念。

在賽斯書多次提及催眠的本質，他說：「催眠是一種相當有意識的作為，而它本身也表現出信念的重要性，因為在催眠術下，你『強餵』給自己一個信念，或他人（例如催眠師）給你的信念；你把你全部的注意力集中在那個念頭上。催眠只是改變信念的一個方法，而很清楚的顯示出感官經驗的確是順隨著期待。

在催眠術裡並沒有魔術，你們每一個人都經常在用它。只有當給了催眠術特定的過程，以及當它由正常生活中拿開時，催眠的暗示才似乎是如此的玄祕。」

「結構好的催眠只是讓對象充分利用集中的力量，因而啟動了無意識的機制。把多餘的資料排除，以及把焦點變窄，是催眠兩個最重要的成分。」

現在回頭檢視過去生命裡的許多事件之後，才恍然大悟，原來這些無非都是我的信念創造的經驗好讓我印證自己的信念是如此地正確無誤。

賽斯解釋了人如何經由投射我們的信念到三度空間，使之成為我們的眼耳鼻舌身意能夠感知的物質實相，之後，我們才又對這些物質實相起感應，以至於有喜歡、不喜歡、痛苦、歡喜、美與醜、愛與恨。

我二十八歲結婚，在被醫生宣判為標準的不孕症個案之後，我決定

將大學的教職辭去以便跟先生一起住在香港工作、也專心準備懷孕一事。幾年來我和先生在台灣和香港的很多醫院進進出出做各種檢查和治療，後來雖然先生因為不希望我再像以前一樣神疑鬼地，在路上看見一個治療不孕症的廣告就想去試試看，他說不生孩子其實也沒關係。但是，那時我很痛苦，因為我身為大家族的長媳，在我的信念裡生育，尤其是生兒子這件事是很重要的。

　　如果你問我，這個信念是從哪裡來的，我絕對可以直指出來。我來自一個單傳的家族，曾祖母沒有生兒子所以爺爺是入贅的，我父親從母姓。從小我的經歷是，家中只有我弟弟一個男孩，我卻從各方面都表現很優於弟弟，大人總是說：「唉，怎會長了狗，豬不長？」

　　有一個姑母婚後花了十年的時間盼到一個兒子，據說他們花了當時在台北中山北路一棟樓房的代價。我目擊整個過程。

　　加上家裡有個嫂子生了三千金，聽說跟婆婆不合，婚姻也受罪，還有個姨婆家裡有七仙女最後得子如寶貝，出口閉口都是兒子經。這是我從小到大的經驗。

　　我生在一個還有一點重男輕女的時代，還好我的父母對我很好還供我出國讀書，但是我看見周遭的例子都是很負面的。我甚至跟先生提出，如果我生不出孩子來，那麼我們三十五歲就離婚吧，也許那時候的我還不太老，還有人要啊。

　　先生哭了，因為我們是那麼地相愛，但是生不生孩子對我而言卻是十分重要的，不然我不會主動在發現自己不孕後提出先把大學的教職辭去，陪著先生去香港工作並且專心生孩子。

我記得在香港的時候，我收到一張我的學生從台灣寄來的卡片，滿滿的許多嬰兒的照片，卡片上說：「選一個你喜歡的孩子，然後專注地看著這孩子，想像你自己就有一個這樣的小孩。」

現在回想起來，那絕對是個催眠手法，我真的就天天看著那張卡片，然後一邊想像我有一個孩子的樣子。

我記得我跟我未來的孩子說：「孩子，爸爸媽媽現在處在創業階段，我們經常因為工作旅行在很多國家之間，生活不是很穩定，所以，如果你決定要來的話，那麼，你一定要是很獨立很健康的孩子才來，否則，你決定不來也沒關係。」

我已經決定畫好停止損失點，如果再生不出來，那就在三十五歲離婚。

我不再到處看醫生，也不再接受任何治療，更不再吃藥打針。

辭去台灣的教職來到香港工作十一個月之後，我發現自己懷孕了。

現在仔細探討當年我的問題在於自己一直很討厭做女生這件事，總覺得女生處處受限制、不被冀望表現太好、即使我在小學表現很好，但是最後畢業上台領最大的獎的還是男生不是我。所以，我一直有子宮的問題，從小就不斷地找婦產科。現在終於理解當時我的身體究竟在反應我的那一部分的信念和壓力。

我常常聽人說：「我是希望要健康啊，但是我的身體不配合啊。」

我們都把症狀當成病因，所以，雖然治療了外在症狀，卻無法解決其根源。

這一章我要提出的是一個人的潛意識信念如何與大腦的希望反其道

而行的例子。

根據布魯斯・立普頓教授（Dr. Bruce Lipton）在《細胞的智慧》
（*The Wisdom of Your Cells*）一書裡頭提出一個觀點：我們的身體有百
分之八十五到百分之九十是由意識心所控制的，而不是我們的自我想要
做什麼就一定可以。

例如坐姿、手勢、身體內部器官的運作、習慣性動作都是由潛意識
控制，例如由不會到習慣了開車、或者騎腳踏車，一開始是由意識心操
控，所以我們可以練習手眼和肢體動作配合，等到很熟練之後就交由潛
意識執行，我們就不必每次在開車的時候都要像第一次開始學習那樣，
一直要注意如何協調身體各個部位的運作，甚至能夠一邊講話一邊開
車、或者作白日夢。如果有一天你從家裡出發，經由一樣的途徑來到上
班的地方，我問你：「你在路上都看見了什麼？」很多時候你是不會記
得的，因為對於習慣的路徑，你的大腦意識心不必時時刻刻在現場關
照，所以你可以一邊開車一邊想事情，而對於周遭的事物到了心無旁騖
的地步。這就是潛意識的功能，也稱作高速公路催眠。

所以為什麼要打坐？打坐的目的之一就是要把那個意識心找回來，
時時刻刻都能夠知道它在做什麼？想什麼？感知到什麼？透過靜心的練
習才能時時刻刻察覺到自己的心在想什麼？這樣下一個動作就有機會做
一個不同的選擇。現在不喜歡自己這麼回應外界的事件，好，換一個方
式或態度。例如，每次都做爛好人而事後怪自己為什麼不要說出自己內
心真正想表達的？好，現在覺察到了，那麼是不是可以選擇一個新的回
應方式？這時候就有機會改變我們的潛意識設定好的習慣行為了，催

眠，其實就是一種方式，幫助人找到那個習慣的行為模式是哪裡來的？如何形成的？然後再來改變它。所以說，催眠並非一種治療，它只是一個工具。

我們的身體細胞也是遵從我們的意識心而行動，它們不會違反我們的信念走自己的路。照理說如果一個人有著健康的身體、有相愛的對象、想要懷孕，那麼應該是可以懷孕的，對不對？但是他們卻無法如願，反而需要求助催眠發掘出來這個衝突的信念是打從哪裡來的。這也就是我參加美國催眠協會（NGH）國際催眠師大會上與來自世界不同國家的專業催眠治療師一起分享的經驗：「催眠可以幫助懷孕嗎？」

在2011年的中旬開始，我一連續接到好多個案是想要懷孕但是無法如願的夫妻前來求助於催眠。後來才想到，原來次年就是龍年。很難想像在加拿大竟然還是很多人想要有個「龍子」的想法。

個案：拒絕重複的經歷

　　克麗是個加籍華人，三十八歲，和夫婿兩人身體都很健康沒有任何生理的問題，就只是一直膝下無子，幾年來斷斷續續吃了不少中藥也經過西醫治療，然而都沒任何動靜，這次希望最後一搏看看能不能生個龍子。夫妻兩個都忙著上班，壓力大又聚少離多，然而夫妻的感情一直都很恩愛，兩人也都喜歡小孩。她在面談時直接告訴我要試試看，如果今年再不能懷孕就不生了，畢竟年紀越來越大。

　　我對前來尋求幫忙的女子提出幾個問題：身體有沒有器質性的問題阻止你懷孕？例如輸卵管不通？排卵正常嗎？先生是否也檢查過身體？這些都是西醫或中醫可以幫忙解決的問題，一定要先瞭解自己的生理狀況再投石問路。

　　正如中醫的觀念：一個健康的身體必須包括心神、經脈和氣血，缺一不可。

　　經脈不通就好像一心想去一個地方玩玩，但是當地並沒有道路可通達。若是想去的地方是有道路可通行，但是你卻沒有足夠的體力可到達那裡，那你終究也是到不了。好啦，現在確定你要去的地方是有路可行，你也有力氣旅行到那裡，那麼，催眠就可以幫助你找到是什麼問題阻止你。心神在這裡指的則是「你真的想要有孩子嗎？你相信自己值得成為父母嗎？你相信這個世界適合孩子生存嗎？」如果以上答案都是否定的，那麼，你的身體和行為一定不會違反你的潛意識啊，因為潛意識就是控制台。

　　催眠裡有一套非常有效的暗示句叫做「強化自我意識」。透過這個催眠證不僅可以加強個案的自信心，也永久地改變了個案潛意識無形的

「對立作用」。如果我們可以幫助個案將潛意識裡面「對立」、抗拒、焦慮緊張的部分移除掉或者改變它，之後此人可以重建自信心並且可以有能力負責自己的問題，這就是催眠可以協助的地方。

　　什麼是潛意識無形的對立、抗拒和焦慮緊張呢？

　　當克麗被催眠之後我先強化個案的自我意識，間接改變她對於所要處理的問題可能的恐懼或抗拒，有些問題一定是隱形的、不可預知的，然而我一定要先建立她的信心讓她接受「原來自己是有力量可以改變的」這個意念，然後，再來探討問題的根源來自什麼地方。

　　以下都是催眠狀態下的對話。

　　我運用回溯法引導克麗先回到幾個童年時快樂的事件，再一路往前推進到她出生的那個當下。這時候克麗突然大口大口地喘氣，幾乎來不及換氣。我也跟著大口大口地喘氣，並且一邊問：「發生什麼事？」

　　克麗告訴我這是個緊急情況，她就在母親的肚子裡而且胎位不正，母親其實也早已經知道胎兒的臉一直是朝前而不是正常的背向母親的脊椎，所以生產的過程非常的漫長，幾乎有一整天，最後母親還大量出血。克麗在催眠裡頭可以非常清楚的轉述此時產房裡醫生和兩個護士的對話。

　　護士說：「醫院正缺血怎辦？醫生，會不會有問題啊？娣娜，你去聯絡二樓。」

　　醫生沒回答，只聽到深深吸了一口氣。

　　克麗覺得很悶、非常不舒服幾乎快要窒息，一片黑暗，她告訴我她在產道出不來了。這時候我引導她由第三者的角度來體驗整個事件，以

避免重複經歷難產不舒服的感覺。之後，她感覺有一個冰冷的金屬物碰到她的頭，她就跟著這個怪物開始轉動身體直到面朝上，很快的她的雙眼感覺有一道強烈的亮光，她脫離母體了。

克麗不記得之後是怎麼離開母親，只是記得很多東西移動的聲音，她猜想可能是在為失血過多的母親急救吧。

我說：「很好，我聽到了，接下來呢？」

她告訴我，她很害怕，怕母親這時候死了。（我看見眼淚由她的臉頰流下來。）

我問她：「你母親還在嗎？」

她說：「是的，她今年六十二歲，住在我附近。」被催眠者顯然可以在過去和現在之間迅速移動，而且她也很清楚時間點。

我問：「當時，你是個小孩，也許不懂這整個事件，然而，現在的你已經是成人了，你是不是知道當時的你在害怕什麼？」

她說：「死亡，生小孩很危險。」

我問：「是什麼救了你母親？」

她說：「好的醫生和設備。」

我問：「你現在想要跟你母親說什麼嗎？」

她說：「謝謝媽媽，你真的很偉大。謝謝，我非常幸運有這樣的母親，我知道，她也很害怕失去我，所以不讓我出去。」她不斷地流淚。我也知道這其中有很大一部分是因為克麗與母親的關係一向很緊張，她老是抱怨以前母親對她太嚴厲，從不讓她像鄰居小孩一樣到處亂跑，總說外頭很危險所以即便她已經十六歲了，當父母出門工作無法

照顧她的時候一定要把她反鎖在家裡。對於這一件事現在克麗終於釋懷了。

我問：「所以，我們回來現在的時間，2011年10月9日。看看你信任你現在的醫生嗎？和你可能會去生孩子的那一家醫院，那是個好醫院嗎？」

克麗笑著說：「歐醫生啊？我相信他是個很棒的醫生，不過，我不知道自己如果懷孕會到哪一個醫院。」

我建議她回去之後打電話問一問醫務所，這位醫生是屬於哪一家醫院的，這樣她是不是感覺比較安心一點兒。克麗接受我的建議。

克麗離開後立刻打電話查問，並且也打電話給我。我在電話中非常肯定地告訴她：「這樣一來你完全沒有疑慮了吧？」她在電話那頭開心地笑了，就像窗外冬日的陽光。

時隔四個月我又接到克麗的電話，這一次我一聽到她爽朗的聲音不必猜想就知道結果啦！我真心為他們感到高興，因為我自己也曾經走在這條不孕症的路上，那種希望生個小孩的心情絕非他人能夠體會。

個案：愛，可以從你自己開始

　　也許，以前的你並沒有得到很多的愛，然而愛可以由你自己開始製造給自己，然後再分享給他人。

　　第二個有趣的例子是莉莉，她是個成功的企業家，然而老天似乎不再給他們比現在還要多的幸運了，她和先生都還在壯年卻一直為不孕而煩惱，因為他們都喜歡小孩，家人也不斷地關切這個問題，可是莉莉後來實在是沒辦法，接受婆婆的建議，先是去聽我的演講也上網搜尋以確定我是否夠專業，最後才來到我的諮商室。面談時莉莉表明對催眠的不信任和高度懷疑，我花了一點時間跟她說明什麼是催眠。催眠並不是算命或魔術，但是催眠可以改變一個人對於事情的信念，往往就在人們改變信念之後其行為和對特定人事物的態度都會自然而然地改變，結果就是這麼產生變化的。

　　莉莉堅持她和先生對於生孩子這事的信念絕對是正面的，他們並沒有任何恐懼或抗拒。

　　我說；「是的，你的自我是想要孩子，你的生理也完全沒有問題，所以我們才要經由催眠到潛意識層面去找尋問題的根源可能在哪裡？是什麼相反的信念阻擋你要懷孕的願望？因為你此生看到、聽到、經驗到的每一件事都被潛意識儲存起來，雖然你的大腦並不記得，然而這個『印記』會在外在條件一致的情況下被悄悄啟動，因而造成阻力。」

　　莉莉後來同意我催眠她，試著去找一找造成她不孕可能的原因。

　　我還是先用「強化自我意識」來建立她對懷孕的信心，也間接動搖她對懷孕可能有的潛在恐懼和抗拒。之後，當我引導莉莉進入催眠後來到童年一個記憶時，莉莉的聲音整個沉下來，變得很小聲，她說：「我

很不快樂。」

　　原來，莉莉出生在一個非常重男輕女的家庭，上有兩個姐姐，她排老三。三個姐妹每次做了什麼事被數落時，奶奶總是在一旁說：「唉！生個女，能做啥？賠錢貨啊。」每一次奶奶說這話，母親總是更加嚴厲地大罵她們，往往一個被罵，其他兩個都要被連累。

　　有一次她下課後突然發現母親不見了，莉莉屋前屋後到處找不著母親，急了。後來才知道母親因為受不了婆婆刻薄的對待，所以丟下她們離家出走，這一走竟是一年後才又回來。

　　莉莉在催眠當中哭的很厲害，我並不要她一一告訴我發生什麼事，我讓她自己在催眠裡為自己當時的經驗做一番解釋，因為她現在是一個成熟的、有智慧的大人了，我暗示她：「如果你的身邊有這樣的一個小女孩，你會如何幫助她。現在我要你再度經驗那個童年，並且一邊還要去仔細理解，這樣的經驗為你帶來你現在哪一些正面的人格特質，所以你現在能這麼成功。」

　　在音樂聲裡，我讓她安靜體會她這一生走來的點點滴滴，我相信潛意識會引導她找到答案。

　　當我再度問她：「你現在瞭解為什麼你不能懷孕了嗎？」

　　莉莉點點頭，這時候她安靜下來了，並且很肯定性的說：「我害怕也生個女，怕大家不喜歡女兒，那麼她是不是也要受到這種待遇？」

　　我問：「你喜歡女兒嗎？如果真的生了女兒你會不會一樣對待？」

　　莉莉點點頭說：「會，我會更疼愛女兒，因為她終究會離開我嫁到別人家，所以要更加疼惜。」

我問：「那麼，你擔心公婆的感受嗎？」

莉莉說：「才不，他們得聽我的，我決心保護我的女兒。」

哈哈！真是現代新女性。

莉莉離開時給了我一個很詭異的微笑，我猜想她一定不會跟別人說她去找過催眠師，哈！她說過那會很讓她丟臉。

不久，我接到莉莉的e-mail，她在信上說：「你是我第一個透露我已經懷孕的消息的人，三個月。請別告訴其他人，我要等事情成熟再公告世人，真的十分感謝你幫我找到癥結點。」

還有一個例子是瑪麗。

並非每一個人來我這裡都需要做童年的回溯催眠，因為問題並非都在以前發生的印記，瑪麗就是一個很好的例子。

瑪麗前來催眠的原因是要因為健康的原因，醫生強烈要求她減輕體重，而她也一直為懷孕一事煩惱數年，當時我建議她先選擇其中一項開始，她選擇將體重先減少下來，一年後竟然在體重終於減到理想狀態後意外發現自己也懷孕了，全家非常高興。

相反的，另一個個案雅麗竟然在催眠狀態下自己說出來，體重太輕了缺乏能量。雅麗是個時尚婦女，每次總是打扮得十分摩登地來，再加上超瘦的體型所以每一件衣服穿在她身上都很好看。她多年來一直奉行健康的飲食和運動。催眠時她決定讓自己增加幾磅，所以後來也順利懷孕了。現在有兩個孩子。

催眠幫助一個人找出深藏在潛意識裡的、不適合的信念，有哪些經驗或生活環境影響一個人對特定事件的信念？因為那些信念會阻止我們

達到希望達成的目標。信念改變了感覺就會不一樣，對一件事感覺改變之後態度跟著也會變得不一樣，態度會改變行為，而行為的改變因而造成最後事情的成功與否。我還是只能說：催眠並非什麼神祕或神奇的伎倆，催眠是一種現象，就像你無法說的清楚到底什麼是電一樣，但是你接觸時你一定會有感覺。每次只要有人對催眠提出不友善的質疑時，我都會問對方：「你被催眠師催眠過嗎？」如果答案是否定的，那麼其實就沒有什麼可以討論的了。就像跟一個沒吃過榴槤的人辯論榴槤到底好不好吃是不對的。

　　然而當我在博客裡提到這個故事的時候，有人質疑：「你又不是神，你怎麼可以改變他人的命運？」

　　有一位佛家的修行人代替我回答說：「其實陽光蔡（Sunny蔡，他們這麼稱呼我）充其量只是一個助緣而已，原因是那個人的阿賴耶識（也就是佛家講的種子識）裡頭有個『有子嗣』的種子，她又剛好遇見陽光蔡帶給她雨水和陽光，那麼這顆種子就會發芽。但是，如果這人連這顆種子都沒有的話，即便遇到陽光蔡都沒用的。」

　　我很喜歡這個說法。

　　緣分，是一個重要的因素，我也不必求他人一定讓我來幫助他。我之所以能在此時此刻出現來幫助我的個案，或者他們也會打從老遠的其他國家飛到加拿大來找我，如果這不是緣分又會是什麼呢？

靜心時間：允許美好進入生命

心裡想著一件你一直想做但是卻無法如意的事，也許是想要有個伴侶、有個孩子或者有個理想的健康。

先把它寫下來：我希望能＿＿＿＿＿＿＿＿＿＿＿＿＿＿＿。

然後，找一處窗前可以看見花園或者一棵路樹的地方，也可以是看著桌上的一朵花、一棵盆栽。最好是要活的植物。

放下筆，也可以打開「Insight Timer」的App或自己放一段沒有人聲的柔和音樂。

看著你的目標物，把焦點放在這棵植物上。仔細看清楚它，一分鐘的時間。

好，現在結束了，把眼睛慢慢閉起來，在心裡把專注力放在剛剛看見的東西直到它開始變得模糊不清，只剩下色彩或者一個大致的形狀，最後可能連形狀都漸漸模糊了，顏色也模糊了，只剩下你的呼吸和感覺。

停在這裡一下子。

然後，我要你在心裡面假裝你站在一條佈滿了樹枝和石頭的馬路上，你根本無法通過的。

然後，現在你可以假裝有一條高架橋出現，你可以通過這個高架橋走到另外一端，而另一端就是你剛剛在紙上寫下了你希望你能做到的事。

現在，我要你盡量發揮你的想像力，去想像你就在你要的目的裡面。

然後仔細地想像出來，你達成你要的目標之後，你會在哪裡？你在做什麼？你跟什麼人在一起嗎？心情如何？你知道你穿什麼衣服嗎？

停留在你的想像世界幾分鐘，然後回來把你在裡面的心情紀錄下來，越詳細越好。

· 我的紀錄 ·

我經歷到……

_____

_____

突然有個靈感或想法出現，那是……

_____

_____

我可能知道我為什麼沒有達成目的，那是因為……

_____

_____

　　未來你可以回過頭來看看你今天寫下了的東西，我知道，你一定會
發現其中的玄機。恭喜你。

後記·
天命

在二十一世紀的社會，催眠師所受的對待可能不被保證，很多人對催眠仍然還停留在舞台催眠的娛樂效果，或者像看待前世今生的神祕性一樣，留給人很多的疑慮和謎團，它更不像科學家的角色那樣能夠被穩穩地保護，還能保持其第三者的角度在一個專門的主題深入探討，科學家更不會介入自己的探討對象。

選擇走向催眠師這一條路一開始就被保證，這絕對不是一條被很多人護持的路，或者輕易獲得足夠的額外助力能幫助有心的催眠師做很深入的學術研究。我也許可能安全地作為旁觀者在工作時冷眼看待他人的故事，然而當催眠者和被催眠者的分子和原子同時在一個場下，我們之間的互動是沒有圍牆的，所以我的心是熱的。

就像賽斯所形容的「藝術性概念」，在幫助每一位個案處理事件的過程，催眠師賦予眼前的事件美麗的、圓滿具足的、有意識的覺察，我知道我在做什麼？為什麼要說這句話？我希望的美、圓滿、平衡、和學習之間的關係是什麼？被催眠者的計畫是什麼？我要尊重被催眠者的選擇和生命計畫，雖然看似痛苦、不堪、失敗、懦弱、背棄、加害、受罪、自私、不該、被背叛或者失敗，然而，每一個過程對其本人來說可

能都是更大計畫的一部分，只是身在三度空間渺小如人類的我們無法頓時看清楚全貌，佛雖然不斷地告以：「要放下，不要執著」，然而果真知道究竟要放下什麼嗎？真的放下嗎？或者是「算了」？否則怎會一直痛苦？

我的企圖是將我感受到的這股人類內在了不起的創造性帶入我的工作，人類來到地球為的是體驗和豐富靈魂，我可以陪著人抽絲剝繭地從每一條軌跡裡頭去查探挑戰的目的，最後希望能夠拼出整張圖畫來。如果可以看見一整張圖一定就能夠理解每一個轉彎和尖角的必要、每一種色彩如何增益其他、每一個不圓滿如何填滿另一處缺陷的角落。

我經常回顧到目前為止這五十幾年的人生準備，如果一如賽斯所言每個人都是選擇他要投胎的父母、家人和要遇見的人，目的是為了合作來完成他此生要體驗和學習的計畫的話，那麼，我一定也是特地選擇我的家人和身邊朋友，他們都以他們可行的方式、他們自己的人生故事、或帶給我的挑戰來協助我完成此生的計畫，包括今天變成一位不是每一個人都能接受和理解的催眠師。

在某些方面我知道這個職業並不被當今科學架構的社會所完全正視，即使這個行業幾千年來早已經存在於許多古文明世界，有些基督教派的朋友視我為蛇蠍，他們會極力假裝不知道和不談論跟我的職業相關的內容，嚴重者連「催眠」二字都不許脫口而出；佛教的朋友會好言規勸我勿介入他人因果；信奉科學教的朋友頗多不正眼看我的，因為催眠完全不符合他們的科學化標準；至於沒有任何宗教傾向的人一聽到我的職業時，第一個動作就是矇住他們的雙眼說：「你不要催眠我」，其

實，他們都不知道他們每一時刻都在催眠自己啊。

我對於自己在很多場合會遭遇的對待是察覺的。

賽斯定義的「作為一位藝術家，你唯一的目的是表達，那涉及了揭露在理想與實際之間的區別。在理想的表達中要不顧一切，而它將永不會辜負你。溫和的對待它，那你就是在一場戰爭當中。」要做到這樣的藝術家要很大膽，但是我願意選擇，即使它意味著要先蛻變許多層侷限性的個人信念，我都願意為那個更大的、未知的架構開放。

我再重申開始的一段話：我不是科學家，我無法提出任何實質的證據來解釋一個現象，催眠，但是我的職責是把我所觀察到的如實紀錄下來，希冀將來的科學能夠有機會更接近玄學，讓他們來揭露這個謎樣的世界。

當我在寫這一篇後序的時候，節令也近秋分。加拿大的秋景是所有你可以想像或無法想像的美，為了表達那被震撼的心，我在畫它的時候也經常眼高手低。

我的老師安德魯先生這麼教我：「Sunny，你當初為什麼選擇要畫眼前這一幕？不就是因為它感動你、震撼你，所以你要畫它？那麼，你為什麼不一五一十地把你眼睛看見的顏色、形狀和明暗完全忠實地表達出來就好？先不要管你眼前是什麼東西，只要把你的心的感受表達出來就好。稻草堆也許看似很複雜，但是，當你如實地將眼前每一個線條、顏色、明暗如實畫出來之後，你再退後站著觀看你的作品，你會突然的發現一個美麗的稻草堆就在你的眼前。這是莫內說的。」

畫家莫內在他生命最後失去視力，他卻憑著記憶畫出高度兩公尺、

長度達兩百公尺長的一組巨大作品《四季睡蓮》，當他看不見了、關閉了視覺，卻才開啟了身上無所不在的眼睛，也許他要我們用心去觀看，而不是很多人的眼睛雖「看」卻看不到。生命有很多很豐富的東西需要我們去觀看、去用心感受，不一定需要去理解。

我陪著很多人走他們一段人生路，並且試圖從他們過往的足跡拼湊出一幅幅屬於他們個人的圖。我發現每一幅都很特別也很美麗，而且是獨一無二。

「畫的立體，來自於它的陰影，人也是如此。」莫內說。

我的工作就是畫一個人的陰影，把陰影留下來、正視它、承認它，因為那是一個人的一部分，你無法分割它、否認他、放下它、責怪他而還可以找到你是誰？當你把陰影也收歸己有，看著它、認識它、聽見它在說什麼，那麼，你就可能走到合一。

莫內說的：「人們都在討論我的作品並且假裝他們理解，殊不知他們並不需要去懂，只要去愛就好。」

我也許沒有我的個案的人生經驗，不懂老天爺的計畫是什麼，更不懂催眠其中的奧秘，然而，我知道我可以陪伴他們尋找答案。

以愛。

這就是我此生的天命。

附錄

免費下載「靜心時間」App

Insight Timer

https://goo.gl/hE6aKe

1. 先用手機（電腦不可以哦）到App Store找到 Insight Timer

2. 選擇付費（每個月加幣四元，可以使用比較多功能）或不付費

3. 在App下方有幾個不同功能，如果你選哪個耳機🎧符號，可以進入第二個圖，右上角有個國旗代表不同語言，你可以找到「普通話」，點選。

4. 從所有的老師裡就能找到我的靜心帶領。

講座和課程，詳細內容請參考作者的網站

- 有興趣獲得更多資訊請到：Sunny Tsai的催眠世界
  https://goo.gl/BKzaLi

- 跟Sunny聯絡請到：FaceBook「Sage Hypno催眠諮商」
  https://goo.gl/2ChiY2

- 美國國家催眠師協會
  https://goo.gl/M1dwex

- 每年作者都會在亞洲接受需要催眠協助的個案，請聯絡：
  www.sagehypno.com

．作者在加拿大多倫多的催眠診所：

Sage Hypno

3000 Hwy 7 E., Suite 202, Markham, ON L3R 6E1

Tel: 1-905-9109859

e-mail: sunny@sagehypno.com

新銳生活26　PE0157

新銳文創
INDEPENDENT & UNIQUE

喜悅，是一種選擇
——陽光催眠師Sunny的靜心時間

作　　者	蔡文瑜（Sunny Tsai）
責任編輯	徐佑驊
圖文排版	楊家齊
封面設計	工嵩賀

出版策劃	新銳文創
發 行 人	宋政坤
法律顧問	毛國樑　律師
製作發行	秀威資訊科技股份有限公司
	114 台北市內湖區瑞光路76巷65號1樓
	電話：+886-2-2796-3638　傳真：+886-2-2796-1377
	服務信箱：service@showwe.com.tw
	http://www.showwe.com.tw
郵政劃撥	19563868　戶名：秀威資訊科技股份有限公司
展售門市	國家書店【松江門市】
	104 台北市中山區松江路209號1樓
	電話：+886-2-2518-0207　傳真：+886-2-2518-0778
網路訂購	秀威網路書店：https://store.showwe.tw
	國家網路書店：https://www.govbooks.com.tw

出版日期	2018年10月　BOD一版
定　　價	360元

Printed in Taiwan

國家圖書館出版品預行編目

喜悅,是一種選擇:陽光催眠師Sunny的靜心時間
/ 蔡文瑜 (Sunny Tsai) 著. -- 一版. -- 臺北市:
新銳文創, 2018.10
　　面;　公分. -- (新銳生活;26)
BOD版
ISBN 978-957-8924-35-2(平裝)

1. 催眠術　2. 催眠療法

175.8   107016681

讀者回函卡

感謝您購買本書，為提升服務品質，請填妥以下資料，將讀者回函卡直接寄回或傳真本公司，收到您的寶貴意見後，我們會收藏記錄及檢討，謝謝！如您需要了解本公司最新出版書目、購書優惠或企劃活動，歡迎您上網查詢或下載相關資料：http:// www.showwe.com.tw

您購買的書名：_____

出生日期：_____年_____月_____日

學歷：□高中 (含) 以下　　□大專　　□研究所 (含) 以上

職業：□製造業　□金融業　□資訊業　□軍警　□傳播業　□自由業
　　　□服務業　□公務員　□教職　　□學生　□家管　　□其它_____

購書地點：□網路書店　□實體書店　□書展　□郵購　□贈閱　□其他

您從何得知本書的消息？

　□網路書店　□實體書店　□網路搜尋　□電子報　□書訊　□雜誌
　□傳播媒體　□親友推薦　□網站推薦　□部落格　□其他_____

您對本書的評價：（請填代號　1.非常滿意　2.滿意　3.尚可　4.再改進）

　封面設計____　版面編排____　內容____　文／譯筆____　價格____

讀完書後您覺得：

　□很有收穫　□有收穫　□收穫不多　□沒收穫

對我們的建議：_____

_____

_____

_____

11466
台北市內湖區瑞光路 76 巷 65 號 1 樓

秀威資訊科技股份有限公司　　　收

BOD 數位出版事業部

....

（請沿線對折寄回，謝謝！）

姓　　名：＿＿＿＿＿＿＿＿　年齡：＿＿＿＿　性別：□女　□男

郵遞區號：□□□□□

地　　址：＿＿＿＿＿＿＿＿＿＿＿＿＿＿＿＿＿＿＿＿

聯絡電話：(日)＿＿＿＿＿＿＿＿＿＿　(夜)＿＿＿＿＿＿＿＿＿＿

E-mail：＿＿＿＿＿＿＿＿＿＿＿＿＿＿＿＿＿＿＿＿＿